JN287457

パフォーマンス・マネジメント
－ 問題解決のための行動分析学 －

島宗 理 著

米田出版

はじめに

　行動の科学はここまで進んでいる。勘や経験に頼らなくても、あるいは運まかせにしなくても、我々は自分たちの行動を科学的にマネジメントできる。社会や組織や個人の、様々な問題を解決していける。能力がないとか、資質がないとか、他人や自分を責めなくてもいい。そうした想いを伝えたくて（株）サンシステムというソフトウエア会社から毎月発行していた「マネジメント・テクノロジ」というニューズレターが本書の原点です。行動分析学、そしてパフォーマンス・マネジメントに暖かい理解を示していただいた社長の庄司和雄氏には、この会社で、様々なプロジェクトを試運転させていただきました。学術雑誌などに発表されているパフォーマンス・マネジメントの研究例だけでなく、このときの貴重な経験が、本書の根底に流れています。この機会に、庄司社長はじめ（株）サンシステムの皆さまに深くお礼を申し上げたいと思います。

　本書は、最初、『パフォーマンス・マネジメント入門－組織で実践する行動分析学－』として自費出版し、明星大学と岡山大学の授業で教科書として使いました。授業で使うと、学生にとって理解しにくいところや誤解しやすいところ、それから読者がもっと知りたいと思うところなどが分かってきます。さらに分かりやすく、より面白くするために、その後も、第2版、第3版とテスト出版を重ね、明星大学、徳島大学、鳴門教育大学、慶應義塾大学で授業に使いました。近頃、大学生の学力やモラルの低下が指摘されていますが、私にとっては、授業における学生のパフォーマンスこそ、最も信頼のおける情報源です。巻末には、本書の推敲に協力していただいた学生諸君の氏名も載せました。ここに感謝の意を表します。

　産業図書から出版されている『行動分析学入門』（杉山ら, 2000）と本書は姉妹関係にあたります。本書では助演役の平野豪が、行動分析学入門では主人公として活躍します。本書を読んで、行動分析学に興味を持たれた読者は、ぜひ行動分析学入門をお試し下さい。

本書の副題にもあるように、パフォーマンス・マネジメントは問題解決のための実践的な考え方です。読者の皆さんにも、ご自分の問題解決にぜひパフォーマンス・マネジメントを使ってみるようお奨めします。ただ、実際に何かプロジェクトを始めると、本書を読んだだけでは気づかなかった様々な問題が浮上してくるものです。パフォーマンス・マネジメントを使って成功する！　という読者の皆さんを支援するために、鳴門教育大学・学校教育実践センター・教育メディア開発分野が企画運営しているコラボレーション・ネットワークに掲示板を開設しています。自己学習の館の『行動分析学の部屋』にＱ＆Ａコーナーがありますので、ぜひ一度、お訪ね下さい。

　最後に、私の無理なわがままを聞いて下さり、本書の出版にご尽力下さった、米田出版の米田忠史氏に感謝の意を表します。

島　宗　理　（しまむね　さとる）

鳴門教育大学
学校教育実践センター・教育メディア開発分野
コラボレーション・ネットワーク
http://www.naruto-u.ac.jp/~rcse/index.html

目 次

はじめに

第1章　部下のマネジメントⅠ　＜チェックリストの魔法＞ 1

第2章　部下のマネジメントⅡ　＜仕事を楽しく＞ 11

第3章　安全のマネジメント　＜注意一秒、怪我一生＞ 21

第4章　体重のマネジメント　＜自分に自信を持つ＞ 31

第5章　恋愛のマネジメント　＜素直になれなくて＞ 39

第6章　スポーツのマネジメントⅠ　＜私をプールにつれてって＞ 49

第7章　スポーツのマネジメントⅡ　＜かなづちから始めよう＞ 59

第8章　道徳のマネジメント　＜誰も見ていないところでも＞ 69

第9章　病院のマネジメント　＜院内感染を防ぐ＞ 79

第10章　品質のマネジメント　＜行動は一瞬、パフォーマンスは永遠に＞ ... 87

第11章　知識のマネジメント　＜専門用語を使いこなそう＞ 97

第12章　学校のマネジメント　＜ルールを守る＞ 105

第13章　組織のマネジメントⅠ　＜問題の原因はどこに＞ 117

第14章　組織のマネジメントⅡ　＜やる気にさせる会社とは＞ 129

第15章　人生のマネジメント　＜これが私の生きる道＞ 139

クイズの解答 149

おわりに 155

索引 157

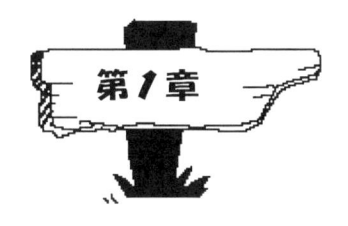

第1章 部下のマネジメントⅠ
チェックリストの魔法

■問題■

上澄「森さん、こんなことじゃ困るじゃないか！　報告書の余白は2.5cmに設定してくれって言っただろう。これじゃバインダーに綴じられないよ」
森　「エーッ。ヨハクのことなんか聞いてませんけど」
上澄「何言ってんだい。確かに頼んだはずだ」
森　「先週、営業報告書を頼まれたときはそうでしたけど。でも今度は何も言われなかったわ」
上澄「言ったはずだ。いや、もし僕が言わなかったとしても、それくらい常識だろう！」
森　「‥‥‥‥‥（口をつぼめて黙り込む）」

　大洋工業営業第2課では、最近珍しくない光景だ。
　10月から中途採用になった森美由紀と上司の上澄良樹係長は、まるで先祖代々の確執があるかのごとくウマがあわない。

上澄「まったく彼女には困ったもんだよ。仕事がぜんぜん進みやしない」
　ある晩、大学時代の友人で、今は慶洋大学で心理学を教えている平野豪といきつけのスナックで飲みながら、上澄は愚痴をこぼしていた。
上澄「話が通じないし、やる気もない。だいたい叱ったって反省の色もないんだから」

　すでに時計は10時を回り、酔いもかなり回っていたが、平野にも会社で部下を持つ苦労がなんとなく分かった気がした。それに、どうやら、上澄の問題は仕事に関することだけではないようだ。

平野「彼女、どんな感じの人なの？」
上澄「......松嶋菜々子に似てるんだよなぁ.......」
　いきなりうつろになった上澄の目から、平野は自分の勘があたっていると確信した。よし、なんとかこいつを助けてやろう。
　翌日の昼休み、平野は上澄の会社へ電話した。するといきなり、
上澄「もう、俺だめだよ」
平野「どうしたんだい？」
上澄「彼女とまた言い争ってしまって」
平野「今度は何があったの？」
上澄「決算の仕事を頼んだら重要な数字がいくつか抜けててさ。注意したら、俺の依頼の仕方が曖昧だからだって言われちゃってさ。もうどうしたらいいのか.....」
平野「ちょっと調べてみたんだ。パフォーマンス・マネジメントの研究雑誌に、役に立ちそうな事例があったよ」
上澄「パフォーマンス・マネジメント？　経営学か何か？　君は心理学の専門家だろう」
平野「そうだよ。僕の専門は行動分析学だけど、パフォーマンス・マネジメントはその応用さ。授業で使っている『行動分析学入門』っていう教科書[1]にも載っているんだ。君の役に立てるかもしれないと思って原著を読んでみたよ」
上澄「助かるよ。どうすればいい？」

■解決策■
　土曜日、上澄はビールを一箱持参して平野の自宅へ訪れた。心がけのいい男である。
平野「ほら、ここだ」
　平野は *Journal of Organizational Behavior Management* という雑誌をめくって指差した。

上澄「なんだ、全部英語じゃないか。何が書いてあるんだい？」

平野「フルトンとマロットが、チェックリストを使って14人の学生アルバイトを上手に管理した研究例の報告さ[2]」

上澄「チェックリスト？」

平野「そう。この場合、いつまでに何を提出するかのリストだね」

上澄「たったそれだけ？」

平野「それだけじゃない。チェックリストには仕事を進める上での細かな注文も付け足せる」

上澄「たとえば、報告書の余白の大きさとか？」

平野「その通り！　それから大切なのは、提出する前にチェックリストを使って依頼された仕事がすべて完了しているかどうかチェックしてもらうことなんだ」

上澄「何か欠けていれば、そのときに自分で気づくというわけか」

平野「そう。それからこの論文の著者は、チェックリストをうまく使うためには、上司の方も同じリストを使って仕事をチェックすることが重要だと言っている」

上澄「どうしてだい？」

平野「そうしないと、やがて皆チェックリストを使わなくなるか、いいかげんに使うようになる」

上澄「確かに形だけのチェックリストって多いなぁ」

平野「それに同じチェックリストを使っていればコミュニケーションも感情的にならずにすむよね」

上澄「そうか。仕事を頼んだかどうかで水掛け論をやることもなくなるな」

平野「そうだね」

上澄「それで、どのくらいの効果が期待できる？」

平野「この図を見てごらん。チェックリストを使う前は不完全な仕事が40％から55％もあったのが、チェックリストを使うことで20％以下になったそうだ」

上澄「ありがとう。さっそく試してみるよ」

　1ヶ月後、平野は渋谷駅付近で偶然上澄を目撃した。上澄は松嶋菜々子に似た女性と一緒だった。二人は仲睦まじそうに腕を組んで宇田川町方面へと消え

ていった。満足そうにその姿を見つめる平野。

■解説■
　平野からのアドバイスで上澄がチェックリストを使ったように、個人や企業、社会が抱える問題を行動分析学にもとづいて解決することを**パフォーマンス・マネジメント**という。
　行動分析学って何のこと？　という読者の方も多いだろう。でもご心配は無用。この本ではパフォーマンス・マネジメントの様々な事例をご紹介しながら、その土台になっている行動分析学の考え方を少しずつ解説していく。読み終わる頃には、世の中の様々な問題を行動分析学という刀で斬って、パフォーマンス・マネジメントで解決する発想法が身についているはずである。それでは、まず、第一歩。

> 指　針
> 仕事や人間関係がうまくいかないときには、他人や自分を責めるのではなく、問題を解決する方法を考えよう。

　仕事や人間関係がうまくいかないとき、我々はその原因を他人や自分の性格や能力、やる気や適性のせいにして、問題解決のためのアクションをとらないことが多い。これを**個人攻撃の罠**という。上司として仕事をしていると、特に陥りやすい罠である。自分の責任ではなく人の責任とする方がたやすいからだ。でも、この罠にはまっている限り問題は解決しない。また、罠にはまった上司の元では部下が育たない。

　罠から抜け出るには発想の転換が必要だ。

第1章　部下のマネジメントI

　上澄は、最初、森美由紀の「やる気」や、叱られても反省の色もないという「態度」に執着していた。しかし、「やる気」も「態度」も、どちらも上澄の手の届くところにはない。逆に、チェックリストを使うことなら誰にでもできる。個人攻撃の罠から抜け出すには、できないことばかりではなく、できることを考えよ、というわけだ。それにチェックリストの効用は研究によって確かめられてもいる。勘や経験だけから解決策を考えずに、せっかく公開されている研究成果を利用しようというわけだ。

　それにしてもチェックリストはなぜ役に立ったのだろうか？
　平野がチェックリストを勧めたのは、論文が学会誌に載っていたからだけではない。上澄の話をよく聞いて状況を分析してみると、問題は森のやる気や態度にあるのではなく、仕事の指示の出し方やその後の確認の方法にありそうだと当たりをつけていたからだ。

　『行動分析学入門』を平野から借りた上澄は、土曜の朝から日曜の夕方まで一睡もせず、一気にこの本を読み終えた。そしてホッとため息をつくと、すぐさま平野に電話した。

個人攻撃の罠におちいった人には
近よりがたい・・・

上澄「これは面白い。こんな心理学があるとは知らなかった。心理学っていうと催眠術とか性格判断とか、そのくらいしか分からなくて。でも、これは全然違うね」

　興奮しているらしく、受話器を取ったのが平野の愛妻の暁子だとも気づかない。暁子はこうした手合いには慣れているらしく、そのまま受話器を豪に手渡す。上澄はまだ喋り続けている。

上澄「とにかく、この本で人間のことが色々分かったような気がする。それに仕事にも使えそうだ。だけどね....」

　そこまで話して、上澄の口調は急におとなしくなった。

平野「どうした？」
上澄「いやはや情けないことに、君に教えてもらったチェックリストがどうしてうまくいったのか、未だに分からないんだ。これはやっぱり**強化の原理**っていうのが関係しているのかな？」
平野「確かにその本は読みやすいけど内容は濃いから、一夜漬けで完全に理解するのは難しいだろうな。僕のゼミの学生でも卒業までにようやく専門家のタマゴに育つくらいだよ」
上澄「そうか。ちょっと安心したよ」
平野「それに君はいいところに目をつけているよ。チェックリストにはいくつかの行動の原理が働いていると思うけど、その一つは間違いなく強化の原理だよね」
上澄「もう少し教えてくれる？」
平野「いいとも」

　たとえば、衆議院選挙の結果を知りたいとき、リモコンのスイッチを押せばテレビがついてニュースが見られる。強化の原理が働いて、次に何かニュースが見たくなったときも、リモコンのスイッチを入れるようになる。仕事帰りに居酒屋に立ち寄り、ビールを注文するとギンギンに冷えた生ジョッキが出てく

る。強化の原理が働いて、次の機会にまたビールを頼む。家族で食事をしているときに駄洒落を言う。普段はあまりかまってくれない娘がツボにはまって大笑いする。強化の原理が働いて、もっともっと駄洒落を言う。

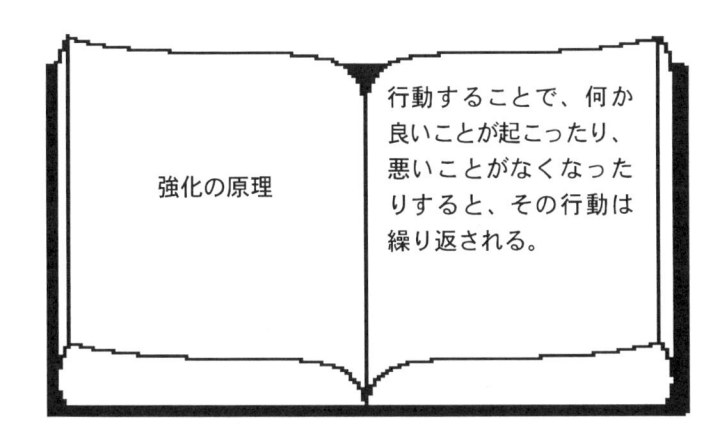

強化の原理　行動することで、何か良いことが起こったり、悪いことがなくなったりすると、その行動は繰り返される。

　行動を強化する"何か良いこと"を**好子**（こうし）という[3]。好子はビールのように飲み物や食べ物かもしれないし、娘が笑うように他人からのリアクションかもしれない。はたまた望遠鏡で遠くを見る行動は、遠くが見えるという好子によって強化されている。つまり、好子とは、行動の直後に現れると、その行動を強化するモノやコトすべてということになる。
　居酒屋で注文するとビールが出てきたように、強化の原理が働くときには、たいてい、「〜のとき、〜したら、〜になった」という関係が成立している。「〜のとき」というのは行動が起こる直前の環境のことで、**先行条件**という。居酒屋の例なら、主人と目があったときが先行条件になる。「〜したら」は**行動**。「〜になった」は行動の直後に起きた環境の変化のことで、**結果**という。居酒屋の例なら間違いなくビールが出てくることだ。強化の原理が働いて、もっとビールを頼むようになるというのは強化の結果であって、行動の結果ではないから間違えないように。
　先行条件と行動と結果の関係を**行動随伴性**という。英語に訳したときの頭文字がＡ（Antecedent）、Ｂ（Behavior）、Ｃ（Consequence）だから、行動随伴性を分析することを、別名、ＡＢＣ分析という[4]。ＡＢＣ分析は図で表すと分か

りやすい。この本では、行動随伴性を次のような図にして分析する。

A：先行条件	B：行　動	C：結　果
居酒屋で主人と目があう	「生一丁ね！」	ビールが出てくる

　強化の原理は、ただ行動を増やすだけでなく、先行条件の元での行動を増やすことに注意しよう。居酒屋のご主人と昼間に通りで出会ってもビールは頼まないから。

　他の例もＡＢＣ分析してみよう。すべては強化の原理が働いている例である。

A：先行条件	B：行　動	C：結　果
選挙の結果を知りたくて	スイッチを入れる	ニュースが見られる
家族で食事をしていて	駄洒落を言う	娘にうける
ハイキングをしていて	望遠鏡をのぞく	遠くが見える

上澄「なるほど、これは分かりやすい。特にビールの例はね。それにこうやってＡＢＣ分析すると、単に行動のことだけを考えるのではなくて、直前直後の環境の変化に目を向けなくてはならないことが分かっていいね。個人攻撃の罠にできるだけ陥らないためにも」

平野「その通りだよ！　誰にも行動そのものはいじれない。上司として工夫ができるのは、先行条件のＡと結果のＣだけだ。チェックリストはまさに行動の直前直後に、望ましい行動を強化する環境の変化を作り出す仕組みさ。さぁ、ＡＢＣ分析してみるかい」

上澄「ヒントはくれないの？」

平野「よし、それじゃ君の話から例をとって、行動は"余白を指示通りに設定する"にしよう。ＡとＣは君が考えるんだよ」

■クイズ■
　チェックリストによってどのような行動随伴性が設定されたか、読者の皆さ

んも一緒に考えましょう（答えは巻末に）。

A：先行条件	B：行　動	C：結　果
？	余白を指示通りに設定する	？

■注釈■

1) 杉山尚子,島宗理, 佐藤方哉,R.W.マロット,M.E.マロット　（2000）　行動分析学入門　産業図書
2) Bacon, D. L., Fulton, B. J., & Malott, R. W. (1982) Improving staff performance throught the use of task checklists. *Journal of Organizational Behavior Management*, 4(3/4), 17-25.
3) 強化子ともいう。他にも、嫌悪刺激や負の強化子を嫌子と呼ぶなど、本書では『行動分析学入門』の用語を採用している。
4) 『行動分析学入門』では行動随伴性をさらに細かく分析しているが、本書では簡便さをとり、ＡＢＣ分析を用いることにした。

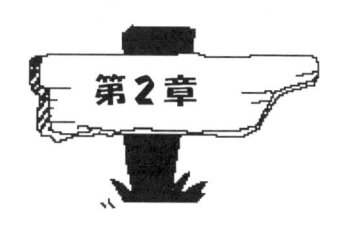

第2章 部下のマネジメントⅡ
仕事を楽しく

■問題■

　チェックリストで成功した上澄だったが、こうなると他の部下の仕事ぶりも気になってくる。今日も得意先から事務所に帰ってくると、新人の藤木久美子と京野千尋がおしゃべりに熱中しているのを目撃した。二人は上澄の姿を見ると、さっと仕事へ戻る。

上澄「君たち、帳簿の整理終わったの？」
藤木「今、やってるところでーす」
　上澄の方を見るでもなく、机に向かったまま、ぶっきらぼうに応える。
上澄「まだ終わってないのか！」
藤木「だから、今やってるところです」
上澄「いったい、朝から何してたんだ。もう3時じゃないか」
京野「ホントだ。もう3時ね。お茶の時間だわ。さぁ藤木さん、いこう」　と言い放ち、給湯室へ笑いながら去っていく二人。呆然と見つめる上澄。一瞬「うるさいオヤジだよね」と聞こえたような気がしたが、空耳か。「最近の若者は何を考えているんだか....」と思って、ハッとした。いけない。個人攻撃の罠にはまっている。

　個人攻撃の罠から抜け出すために、上澄は彼女たちの行動をＡＢＣ分析することにした。確かに、同僚に話しかける行動は楽しくおしゃべりすることで強化されている。フムフム。これは当たり前だな。

Ａ：先行条件	Ｂ：行　動	Ｃ：結　果
仕事中	同僚に話しかける	楽しくおしゃべり

でも、おしゃべりしてるのを見つけるたびに注意しているのにな。これはどうやって分析するんだろう？

A：先行条件	B：行動	C：結果
仕事中	同僚に話しかける	注意される

それに書類を処理する行動はどうだろう？　書類を処理する行動を強化している好子は何だろう？　給料かな？　でも給料は毎月決まった額だ。仕事を片づければその分ボーナスをたくさんもらえるというわけじゃないし....

A：先行条件	B：行動	C：結果
仕事中	書類を処理する	？

ＡＢＣ分析に行き詰まった上澄は平野に相談することにした。自分が教えたことを実践しているのが嬉しかったらしく、平野はさっそく次の週末に上澄の家へやってきた。

■解決策■

平野「パフォーマンス・マネジメントを始めるときに、まず現状のＡＢＣ分析をするのは大切だよ。問題の原因を推定できるからね」　平野は下の図を上澄に見せながら説明を続けた。

目標を達成するのに、何をすればいいか、どうしてそうしないといけないか、どうすればできるか知っているか？

目標を達成するのに必要な行動が、遂行可能か？

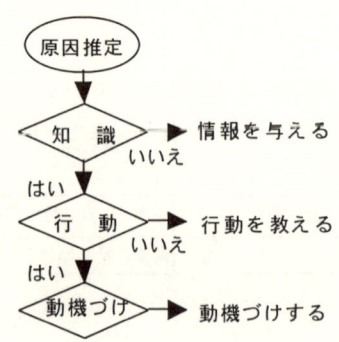

原因推定
知識 → いいえ → 情報を与える
はい ↓
行動 → いいえ → 行動を教える
はい ↓
動機づけ → 動機づけする

平野「仕事のやり方を知らなかったり、何がどれだけ期待されているのか分からなくて仕事の成果が上がっていないことは多いはずだ。この場合は、仕事のやり方を分かりやすく教えたり、期待していることを紙に書いたりすればいい」

上澄「チェックリストはこの一例だね」

平野「その通り。森さんの場合、余白が指定された通りになっていなかったのは、ワープロの使い方をマスターしていなかったわけでもないし、やる気がなかったからでもない。期待されている仕事についての情報が明確な**先行条件(A)**として与えられていなかったからだよ」

上澄「悪いのは俺の方だった」

平野「おいおい、そうして個人攻撃の罠にはまるなよ。誰が悪いか探すんじゃなくて、何が役に立つか見つけるんだろう」

上澄「そうだった、そうだった。ところで、もちろんワープロの使い方をマスターしていない新人とかもいるだろうけど」

平野「うん。**行動(B)**が確実に身についていない場合だね。その場合は行動が新しく身について**レパートリー**になるようにトレーニングしないといけない」

上澄「レパートリーって何だっけ？」

平野「カラオケのレパートリーと一緒さ。カラオケの場合、君が唄える歌すべて。行動レパートリーの場合、君ができる行動すべて」

上澄「うちの新人は研修も終わっていてパソコンで書類を処理できるようになっている。行動には問題なさそうだ」

平野「それじゃ**結果(C)**は？　やる気のなさが問題になるときは、結果のところに原因があることが多いよ」

上澄「それなんだ。ＡＢＣ分析をしていても結果のところがはっきりしなくて」

平野「どれどれ」

　数時間、頭を突き合わせてＡＢＣ分析を進めた後、平野は次の週末までに解決策を考えてくることを約束した。そして上澄には新人たちが処理している書類の数を毎日記録しておくように依頼した。

土曜日、平野は再び Journal of Organizational Behavior Management を持参して上澄の家を訪れた。

平野「君のケースにぴったりの研究が見つかったよ。ウイルクとレドモンの論文で、大学の事務員が入試関係の書類を処理する量を数倍にした実践研究だ[1]」

上澄「すごいな。どうやったの？」

平野「毎朝、その日に処理する書類の数の目標を決めて、達成したら上司が誉める。ただそれだけさ」

上澄「それだけ？　本当かな」

平野「1日に2～3回、上司が仕事ぶりを誉めるということもしている」

上澄「そんな単純なことでうちの新人たちの行動が変わるとはとても信じられないけど」

平野「著者のレスリー・ウイルク博士は、大学院を出た後、同僚と一緒に Continuous Learning Group というコンサルティング会社を設立して大成功。30代、しかも二児の母親でありながら億万長者になったそうだよ[2]。少しは信じてみたら」

上澄「そうだな。先週は毎日彼女たちの仕事ぶりを記録してみたけど、惨憺たるものだったからな。で、どうすればいい？」

　平野の指示に従い、上澄はまず、藤木と京野に話をして、仕事を円滑に、しかも楽しくできるようなゲームを試してみたいと持ちかけた。最初は「エーッ、何それ。ばかばかしい」という顔をしていた二人も、いつになく姿勢の低い上澄からの提案を渋々と受け入れることになった。

　ゲームの内容は、毎朝、それぞれが上澄と3分間のミーティングをして、その日の仕事の目標を決めること。そして次の朝には前の日の目標達成を確認するというものだった。見積書、請求書、顧客カードなど、書類にはいくつか種類があり、処理にかかる手間が違うので、見積書は3点、請求書は4点、顧客カードの入力は6点というようにポイント制で計算し、目標の達成を判断することにした。

　好子については、彼女らに直接希望を聞くことにした。

第2章 部下のマネジメント II

上澄「ゲームを面白くするために、1週間毎日目標を達成したら、感謝の意をこめて何かプレゼントしたいんだけど、君たち何が欲しい？」
京野「本当ですか？ それなら私、カターニャのランチがいい」
藤井「私はチェンマイ」

　カターニャとは近頃話題のイタリアンレストラン、チェンマイはタイ料理屋。どちらも事務所の近くにあるそうだ。そういえばこの二人、よくレストランの話をしている。これは、絶好の好子にちがいない。

上澄「それじゃ、こうしよう。完全に目標を達成した次の週の月曜日には、三人で君たちの好きなレストランへ昼飯を食べにいこう。もちろん、僕のおごりでね」
藤木「それならあたし頑張れそう」
京野「あたしも」

　こうして上澄と新人の"目標達成ゲーム"が始まった。先週の仕事ぶりのデータを参考にして、翌日から毎朝、達成可能な目標が設定された。目標は達成するたびに次第に引き上げられた。もちろん一方的ではなく彼女たちの合意の元に。どうやら二人とも、このゲームを楽しんでいるようだった。

　上澄には、もう一つ、平野からアドバイスされたことがあった。それは、彼女たちを叱ったり、なじったりしない、ということだった。彼女たちはゲームが始まってからも相変わらずおしゃべりをしたり、上澄に対して決して丁寧とは言えない受け答えをしていたが、上澄はじっと我慢してこれを無視した。毎朝のミーティングで目標達成を誉め、1日数回、「どう調子は？ 頑張ってるね」などの声掛けを繰り返した。

　その結果、ゲームを導入したその日から、新人二人の生産性は向上し、2ヶ月の間に、2倍近い仕事をこなすようになっていた。パフォーマンス・マネジメントが成功したのだ！ さらに上澄が驚いたのは、彼女たちの"態度"の変化だった。今日も先週の目標達成を祝って、チェンマイで昼飯を一緒に食べている。

藤木「上澄さんと仕事するのって、楽しい！」
京野「こんな気前のよい上司って、そういないわよね！ 最初はとんでもない

嫌みな人だと思ってたけど」
　若い女性に誉められて、上澄もまんざらではない。この食事代は会議費としておとすことは、彼女たちには内緒にしておこう。
　真っ赤なトムヤンクンを汗たらたらで食べながら盛り上がる三人。

■解説■
　上澄と平野の目標達成ゲームはどうして成功したのだろうか？　二人はどんなＡＢＣ分析をしたのだろう？　解説する前に、行動の原理をいくつか紹介しておこう。

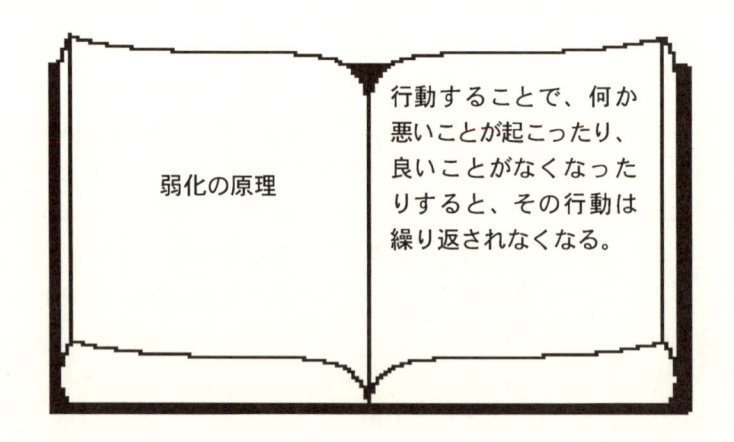

> **弱化の原理**
> 行動することで、何か悪いことが起こったり、良いことがなくなったりすると、その行動は繰り返されなくなる。

　弱化の原理は、強化の原理とは正反対に働く原理だ。たとえば、焼きたての餅を口に放り込んで火傷する。弱化の原理が働いて、焼きたての餅は口に入れなくなる。賞味期限の切れたチーズを食べて腹痛を起こす。弱化の原理が働いて、期限の切れたチーズは食べなくなる。飲み会で下ネタを話したら、気に入っていた女性にしかめっ面をされる。弱化の原理が働いて、この女性の前では下ネタを披露しなくなる。
　行動を弱化する"何か悪いこと"を**嫌子**（けんし）という。嫌子は熱い餅のように飲み物や食べ物かもしれないし、気に入った女性からのしかめっ面のように他人からのリアクションかもしれない。嫌子とは、行動の直後に現れると、

その行動を弱化するモノやコトすべてということになる。
　弱化の例をＡＢＣ分析してみよう。

Ａ：先行条件	Ｂ：行　動	Ｃ：結　果
焼きたての餅を	口に入れる	火傷する
賞味期限が切れているのに	チーズを食べる	腹痛におそわれる
飲み会で	下ネタを話す	女性にしかめっ面をされる

　上澄は、新人のおしゃべりを叱るという行動随伴性をＡＢＣ分析していたが、これは弱化の原理の一例だ。上澄が出先から帰ってくると、すぐにおしゃべりを止めたように、"叱られること"は嫌子としておしゃべりを弱化している。ただし、先行条件は"仕事中でしかも上澄がいるとき"が正しい。
　読者の皆さんには、この分析がどこに行き着くか、予想できるだろう。新人は上澄がいるときにはおしゃべりをしないが、いなくなったらおしゃべりをする。三番目の行動の原理、**復帰の原理**が働く。この逆もまた真なり。四番目の原理は、**消去の原理**という。

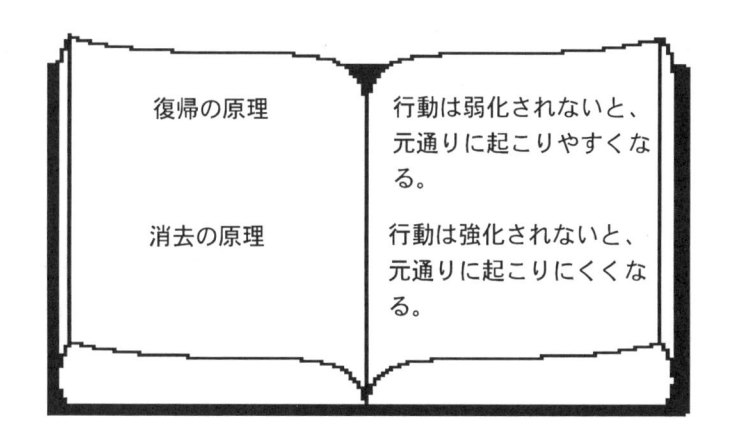

復帰の原理	行動は弱化されないと、元通りに起こりやすくなる。
消去の原理	行動は強化されないと、元通りに起こりにくくなる。

　そして五番目の原理。**弁別の原理**が働くと、行動は先行条件によって起こったり、起こらなかったりするようになる。つまり、先行条件によって行動が起こりやすくなったり、起こりにくくなるのだ。

一度にいくつもの原理が出てきて混乱してしまっただろうか？　でも研究によると、似たような概念は別々に学習するより、比較しながら一緒に学習した方が理解が進むらしい。それに、本書には行動の原理が、全部で9個しか出てこない。そのうち、もう半分も終わったと考えれば、気も楽になるだろう。

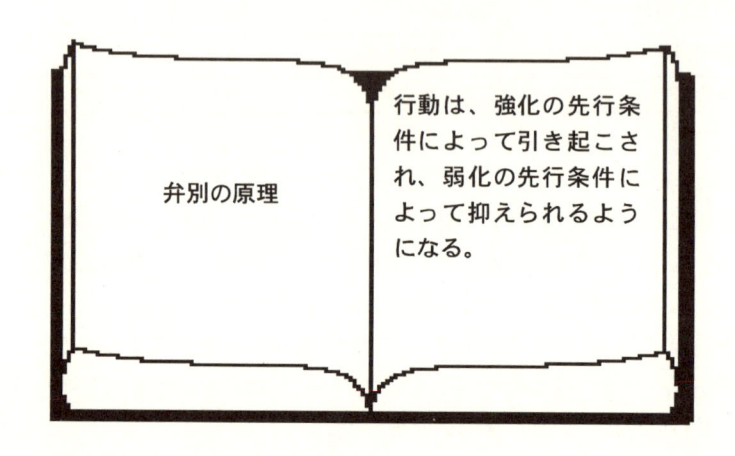

> **弁別の原理**
>
> 行動は、強化の先行条件によって引き起こされ、弱化の先行条件によって抑えられるようになる。

さて、問題のＡＢＣ分析だ。

叱ることによる弱化の行動随伴性は、弁別の原理が働いてしまうから、上澄がいるときにしか有効ではない。一日中、新人に付き添っているわけにはいかないし、それに何と言っても、おしゃべりしていないからといって仕事をしているとも限らない。静かにしていても、今晩のデートのことを考えているかもしれないのだ。

弱化の行動随伴性は、望ましい行動を伸ばすという点からは欠点が多いことが分かるだろう。ちなみに下の図で結果の欄に書いた矢印は、弱化によっておしゃべりが減ること（↓）、復帰によっておしゃべりが元に戻ること（↑）を表している。

A：先行条件	B：行　動	C：結　果
仕事中＋上澄がいる	同僚に話しかける	注意される（↓）
仕事中＋上澄がいない		注意されない（↑）

さらに弱化の行動随伴性には人間関係に悪影響を及ぼすという副作用がある。詳しくは次の章で解説するので、新人二人の反抗的な態度を記憶に留めておいて欲しい。

弱化にはこのような限界がある。だからパフォーマンス・マネジメントには強化の原理を多用するのが望ましい。通常、職場には、思いのほか強化の行動随伴性が欠けているものだ。次の図は、上澄が平野の助言を参考にして完成させたＡＢＣ分析である。

現状の分析

Ａ：先行条件	Ｂ：行　動	Ｃ：結　果
仕事中	書類を処理する	給料・ボーナス（－） 仕事が増える（↓） 同僚から悪口（↓） おしゃべりができない（↓）

強化の原理で仕事を楽しく

上澄が考えたように、給料やボーナスは仕事の成果に結びついていないから、書類を処理する行動を強化しない。行動に影響しないから（ー）という記号で表そう。仕事をしすぎると余計に仕事が回ってくるし、"良い子ぶってる"なんて陰でコソコソ言われたりする。楽しいおしゃべりもできなくなる。つまり、望ましい行動は弱化されていたのだ。これらは行動を起こりにくくさせるから、（↓）という記号をつける。仕事そのものもそんなに楽しい仕事ではないし、これじゃ彼女たちを責めるなんてあんまりだ。

■クイズ■

そこで少しでも職場の行動随伴性を改善するために導入した目標達成ゲーム。読者の皆さんもご一緒にＡＢＣ分析してみましょう。書類を処理する行動を強化するどんな好子が用意されましたか？

目標達成ゲーム

A：先行条件	B：行　動	C：結　果
仕事中＋今日の目標	書類を処理する	?

■注釈■

1) Wilk, L. A., & Redmon, W. K. （1990） A daily-adjusted goal-setting and feedback procedure for improving productivity in a university admission department. *Journal of Organizational Behavior Management*, 11, 55-75.
2) 実話である。ちなみにCLGのホームページはhttp://www.clg-online.com/。

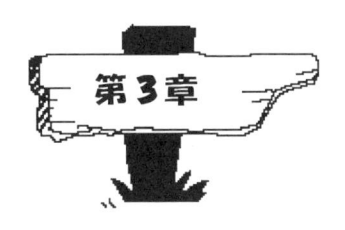

第3章 安全のマネジメント
注意一秒、怪我一生

■問題■

　森美由紀との三回目のデートを日比谷で楽しく過ごした上澄は、京浜急行の終電で自宅に向かっていた。蒲田駅でドアが閉まろうとする瞬間、懐かしい顔が飛び込んできた。幼なじみの戸部登だ。確か、親父さんの会社に就職し、この付近の工場を任されていたはずだ。

戸部「やぁ、良樹。久しぶり」　息を切らしながら挨拶する戸部。

上澄「よぉ。元気か」と応えたものの、幼なじみが尋常でなく疲れきった顔をしているのは誰の目にも明らかだった。

上澄「会社の帰りか？　遅くまでたいへんだな」

戸部「うん。仕事で色々あってね」

上澄「工場長やってるんだろう。出世頭じゃないか」

戸部「そんなことないよ。今日も工場で事故があってさ。今まで病院にいってたんだ」

上澄「事故？」

戸部「うん。このところ多いんだよな。最近の若い連中は注意力がないっていうか、ボーッとしてるっていうか、よく事故を起こすんだ。怪我も多いしね。事故が起きると、生産ラインは止めなくちゃいけないし、人手も減るし、親父からは俺の管理責任だなんて言われちまって、もう板挟みさ」

　ここにも個人攻撃の罠の犠牲者がいた。上澄は半年前の、自分と美由紀との最悪の関係を思い出しながら考えた。事故を起こすのも、事故を未然に防ぐのも人間の行動だ。きっとパフォーマンス・マネジメントが使えるに違いない。

上澄「戸部、もっと詳しく教えてくれないか。何か力になれるかもしれないから」

次の土曜日、上澄は戸部の工場を見学に出かけた。本当は平野にも同行してもらいたかったのだが、学会へ出張中だという。そこで研究室で留守番をしていた大学院生の小野成子さんを無理やり引っぱり出してしまった。小野さんはパフォーマンス・マネジメントの研究会[1]にも参加しているそうだ。

小野「平野先生からうかがったのですが、最近、米国では行動分析学による安全管理が注目されていて、政府機関も推奨しているのだそうです[2]」

戸部「心理学っていったらフロイトとかユングしか読んだことがないからな。自分の仕事と関係あるとは思ってなかったよ」

上澄「俺もそうだよ。でも、大学の同級生で、慶洋大学で教えている平野って奴に教えてもらったパフォーマンス・マネジメントを会社で試したんだ。考え方は単純だけど、効き目はあったよ」

戸部「へぇ」

上澄「とにかく、まずは工場の中を案内してよ」

　工場に入ると、得体の知れない薬品の臭いがした。モーターの音が大きなうねりになって聞こえてくる。戸部がマスクと手袋を渡してくれた。

　工場の中は、箱や工具や材料が雑然と置かれていて、そうした色々な物の隙間を縫うようにして三人は進んでいった。戸部によれば、大きな事故は機械の操作ミス、特に操作の手順を間違えたときに起こりやすく、中程度の事故は機械の保守点検などが不十分だったり、工具や材料が整理整頓されていなかったり、安全のための配慮が欠けているせいで起こっているらしい。

　一通り見学を終えた後、三人は工場長室でお茶を飲みながら話を続けた。

上澄「戸部、率直に言うけど、どうやら事故の原因は、安全のための行動が十分に行われていないことにあるよね」

戸部「それは分かってるんだよ。でも、いくら主任連中が口を酸っぱくして注意しても従業員が言うことを聞かないんだ。工場長の俺が言っても駄目なんだから」

小野「あの、よろしいでしょうか」　小野が遠慮がちに質問する。「先ほど、偶然、主任の方が部下の一人を叱っているのを見てしまいました。『何度言ったら分かるんだ、このボケ』って」

戸部「それはお恥ずかしい。でも、まさにその通りです。主任連中は真面目で、熱心に指導してくれてるんだ。口は汚いけどね。でもその情熱が伝わらないんだな」

上澄「確かに、昔は、職人気質みたいなのがあって、弟子の方も親方を尊敬して、叱られながらも育っていたんだろうけど、今はどうだろう？　社会も、若者の考え方もずいぶん変わったんじゃないか？」

戸部「良樹、お前、誰の味方なんだ。言うことをきかない奴らの方が正しいとでも言うのかい」　少し興奮気味の戸部を真正面から見据えながら、上澄は間をおいてから静かに言った。

上澄「そうじゃない。もちろん俺はお前の味方だよ。ただ、誰が悪いか決めつけるんじゃなくて、何ができるかを考えてみようよ」

■解決策■

小野「これ、以前、ゼミで発表した論文なんですけど、お役に立つかもしれないと思って持ってきました。サルザーアザロフらが工場における事故を減らそうとして行った研究[3]です」　小野は資料を配ると、説明を始めた。

　サルザーアザロフらは、まず、事故を未然に防ぐための行動をリストアップした。これらは、ゴーグルを着用する、安全靴を履く、一度に２枚以上の板は運ばない、物を移動するときには腰をひねらず体全体を移動するなど、10数個の項目に及んだ。各項目は誰が見ても分かるようにできるだけ具体的に定義された。そうしないと「自分ではやったつもり」「いや、やってない」の水掛け論になってしまうからだ。

　次に彼女たちは、こうした項目がどれくらい実施されているか、できるだけ簡単に、でも正確に測定する方法を決めた。チェックリストを作り、１日数回、工場内を巡回して、ゴーグルや安全靴を着用しているかどうか、重い物を移動しているところを見たらその方法が適切かどうか、一つ一つ記録していったのだ。

　こうしてしばらくデータを集めた後で、強化の原理を使ったパフォーマンス・マネジメントが開始された。第２章で上澄が使った目標達成ゲームと同じような方法だ。安全行動がどれくらい遵守されていたかを得点化し、グラフとして

工場内に張り出し、工場全体の目標を設定する。そして目標が達成された週には全員で抽選会を行い、くじで賞品が当たるようにした。賞品には、従業員の希望を参考に、休暇、映画のチケット、食事券などが用意された。

その結果、安全行動の得点は上昇し、事故の件数は減少した。サルザーアザロフらは、同じ方法をいくつかの工場に順次導入して、いずれの工場でも効果があったと報告している。

戸部「........」
上澄「どうした？　何か質問はないのかい？」
小野「ごめんなさい。わかりにくかったでしょうか。私、こんなふうに大学以外で研究についてお話しするの、初めてなものですから」
戸部「そうじゃないんだ、小野さん。お話はよくわかりました。ありがとう。ただ、本当にそんな単純なことで問題が解決するものなのか、と思ってね」
上澄「自分も最初は半信半疑だったさ。でも単純だから始めるのも簡単だろ。うまくいかなかったらやめればいいじゃないか。失うものは何もない。とりあえずやってみたら」

上澄と小野の協力で、戸部はその日のうちに安全行動のチェックリストを作成した。事故を防ぐために何をしなくてはいけないかは、すでに分かっていることだった。でも、あらためてチェックリストとしてまとめようとすると、表現が曖昧だったり（"注意一秒、怪我一生"とか）、情報があちこちに散らばっていたり（パンフレットに書いてあったり、ポスターになっていたり、操作マニュアルに書いてあったり）、あるいは見解の相違があったりして、必ずしも一貫していないことが分かった。

翌週、今度は小野さんが平野ゼミの学部生を二人連れて工場を訪れた。チェックリストの記入の仕方を説明して、工場内を見て回り、安全行動を測定した。そして二人の記録を突き合わせ、記録が一致していない項目について、戸部と相談しながら、表現をより具体的にしたり、分かりやすくなるように変更した。

こうしてチェックリストを試し、改良した後、小野さんは本格的な測定を始

めた。1週間に3日、10分間だけ工場を訪れ、安全行動を記録した。いつも同じ曜日や同じ時間帯にならないように注意した。また、何回かに1回は学部生を連れていき、記録が一致するかどうかも確認した。

　1ヶ月後、戸部、上澄、小野の三人が再び工場長室に集合し、安全行動の記録を折れ線で表したグラフを眺めていた。
戸部「ウーン。やはりそうか……」　折れ線は、30％から40％の間をくねくねと蛇行している。「工場長としては見たくないグラフだな」
上澄「現状が悪いだけ改善の余地もあるってことさ」
戸部「お前は昔から前向きだからな。よし、わかった。目標達成ゲームっていうのをやってみようじゃないか」

　初めに、戸部は主任たちに"ゲーム"の趣旨を説明し、協力を求めた。彼らには安全行動を記録してもらわなければならない。それも従業員を叱らずに！主任たちは戸部が工場の安全について真剣に考えていることには感銘を受けたようだが、マスクをつけていない部下を見ても注意しないで欲しいと言われると、強く抵抗した。それでも最後は「とにかく1ヶ月だけでも試したい」という戸部の言葉に全員が納得した。
　次に、戸部は従業員全員とミーティングをして、ゲームの目的や方法を説明した。全く興味がなさそうに聞いていた彼らも、自分たちで賞品を選べるとなると、ポツポツと口を開き始めた。有給休暇を先にとる権利（工場では全員が一度に休むわけにはいかないので）、バイクのガソリン代、ディズニーランドの入場券、自分専用の工具一式などがあげられた。戸部は、予算と相談しないといけないが、できるだけ彼らの希望を実現したいと約束した。
　翌日から、従業員の安全行動は目に見えて向上した。特に、記録用紙を持っている主任に気づくと、これまではできるだけ主任を避けていた若手までが声をかけて、自分たちが安全行動を実施していることを示そうとした。主任も戸部もこうした態度の急変にとまどいながら、最初の目標達成を迎え、抽選会に臨んだ。抽選会は盛り上がり、賞品が当たらなかった従業員も不満そうな顔は見せていなかった。皆、ゲームをゲームとして楽しんでいるようである。

1ヶ月の試行期間を終えた後、主任も従業員もゲームの継続を希望した。事故や怪我も減り、主任が従業員を怒鳴りつけることも少なくなった（完全にはなくならなかったが）。パフォーマンス・マネジメントは成功した。

■解説■

事故を未然に防ぐための安全行動について、何を、いつ、どのようにしなくてはならないかは従業員全員が知っていた。安全行動を怠ったときの重大さも承知だった。それなのに、どうして安全行動は守られなかったのだろうか？

解説する前にパフォーマンス・マネジメントの重要な指針を一つ。

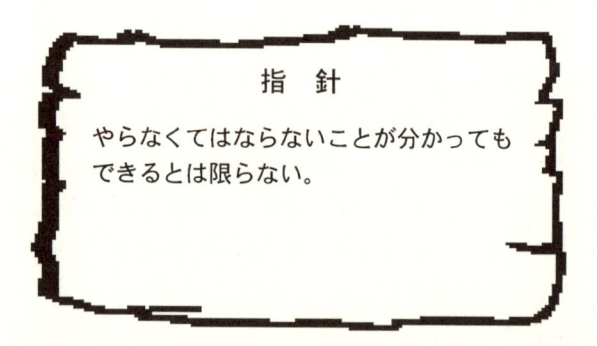

> **指　針**
>
> やらなくてはならないことが分かってもできるとは限らない。

この指針を忘れてしまうと、口を酸っぱくして言ってもきかないから「わかっていない」「真剣に考えていない」「不真面目だ」などなど、個人攻撃の罠にはまりやすくなる。

もちろん、何を、いつ、どのようにしなくてはならないか説明するだけで問題が解決することもある。第1章のチェックリストがそうだった。確かに**先行条件(A)**を明確にするだけで行動が改善されることもある。

戸部の工場でも、安全のための標語をポスターとして掲示したり、朝礼で教訓を話したり、事故がいかに悲惨であるかビデオを見せたりと、色々試していた。しかし、**先行条件(A)**を工夫しても行動が変わらないとき、しかも期待されている行動はすでに**行動レパートリー(B)**として獲得されているなら、改善の余

地は**結果**(c)にあると見てよい。

　目標達成ゲームの行動随伴性をＡＢＣ分析すれば、安全行動を**強化**することがいかに大切だったかわかるはずだ。目標を達成することも、賞品も、主任から誉められることも、すべて好子として安全行動を強化する。

A：先行条件	B：行　動	C：結　果
工場で	安全行動を実行する	目標を達成する（↑） 賞品がもらえる（↑） 主任から認められる（↑）

　それでも中には疑問に思う読者がおられるだろう。主任から叱られることは、なぜ弱化として働かなかったのだろうかと。

　人から叱られること、怒鳴られることは、ほとんどの場合、嫌子として働く。嫌子が出現しているのだから、弱化の原理が働いていないとおかしいというのは理にかなっている。でも、第２章の弱化の原理をもう一度よく読んでいただきたい。弱化の原理は行動が繰り返して起こらなくなるように働く。
　「でも、たとえばマスクをつけていないのを減らしたいんだから、それを叱って弱化すればいいんじゃないの？」
　そう考えるあなたへ、パフォーマンス・マネジメントのもう一つの重要な指針を贈りましょう。

```
指　針
すべての行動の原理は「～する」という
行動にあてはまる。

「～しない」という行動にはあてはまら
ない。
```

死人テストという便利な考え方がある。ＡＢＣ分析をするとき、適切な**行動**に注目しているかどうかを判断するのに役立つ。死人テストでは『**行動とは死人にできないことすべて**』と考える。だから、死人にできることなら行動として適切ではない。"マスクをしない"とか"安全靴をはかない"とか"工具を整理整頓しない"のように「〜しない」と行動を定義すると、すべて死人の得意技になってしまい、強化の原理も弱化の原理も適用できなくなるのだ。

　「問題をすり替えるな！　叱られることは嫌子なんだから、とにかく何らかの行動は弱化されていないとおかしいじゃないか!!」と主張するあなた。その通りです。それではどんな行動が弱化されているか、考えてみよう。
　正解は"叱られる直前にしていた行動すべて"である。今日の昼飯をどこで食べるか考えていたら、それが弱化される。機械の操作を間違えた瞬間だったら、それが弱化される。でも、こんなにタイミングよく叱るのは実に難しい。逆に、たとえば叱られる寸前に頭が痒くて掻いていたら、それが弱化されるかもしれない。最悪の場合、そのときに従事していた作業をする行動が弱化されてしまうかもしれない。たとえその行動が望ましい行動であったとしても。

　叱ったり、怒鳴ったり、脅したりする、嫌子を使ったマネジメントには、もう一つの重大な欠点がある。それは、嫌子を使う人、その場所、時間などが、**派生の原理**によって嫌子化してしまうこと。そして、嫌子を避ける行動が強化されるようになることだ。

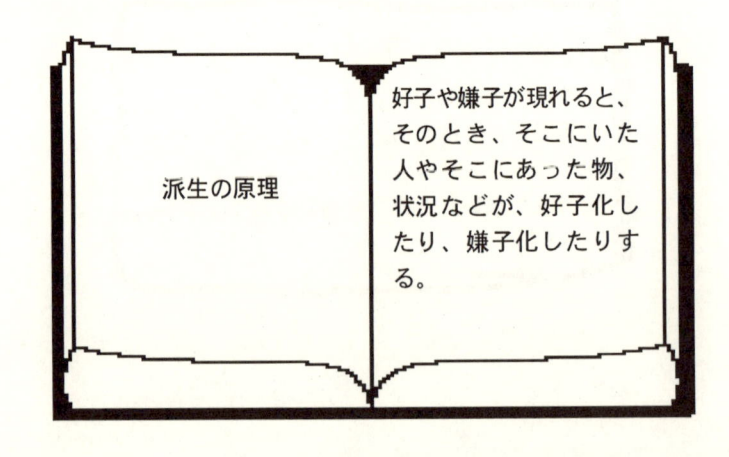

派生の原理　好子や嫌子が現れると、そのとき、そこにいた人やそこにあった物、状況などが、好子化したり、嫌子化したりする。

主任に叱られてばかりいると、"叱られること"だけでなく、その主任の姿や声までが嫌子になる。職場で怒られてばかりいれば、職場そのものが嫌子になる。主任の目を見て話さないというのは、主任の顔が嫌子になって、顔を見る行動が弱化されてしまった証拠だ。主任がくると他の作業場所へ逃げるというのは、主任と話をするのが嫌子になって、それを避ける行動が強化されてしまった証拠だ。

A：先行条件	B：行　動	C：結　果
名前を呼ばれて	主任の方を見る	主任の顔（↓）

A：先行条件	B：行　動	C：結　果
主任がやってくる	別の作業場所へ行く	主任と話さなくてすむ（↑）

こうなると職場は暗く惨憺たるものになる。出勤する行動さえ弱化されてしまうかもしれない。会社嫌い症候群だ。

幸いにも、派生の原理は好子に関しても働く。上澄の場合を考えよう。第1章では、チェックリストによって言い争いを減らし、森美由紀との関係を改善した。第2章では、新人の目標達成を誉めることだけに集中して人間関係を改善した。この章でも、それまで主任を避けていた従業員が声をかけるようになった。自分を認めてくれる人、話を聞いてくれる人、強化の原理が働いている職場は、派生の原理によって好子化する。ここにも、嫌子を使った弱化によるマネジメントより、好子を使った強化によるマネジメントの方が有効な理由がある。

■クイズ■

最後にクイズ。目標達成ゲームでは主任が工場を巡回して安全行動の記録をとった。弁別の原理が働いて、巡回中だけ安全行動に従事し、それ以外のときは元のままになってしまわないかと心配する方もいるだろう。小野さんは、もちろん、この可能性に気づいていた。そしてあらかじめ手を打った。さて、それはどんな工夫だったでしょうか？

■注釈■

1) 実在する。ちなみに日本行動分析学会のホームページ (http://member.nifty.ne.jp/behavior/) ではニューズレターが閲覧できるが、96年の春号にパフォーマンス・マネジメント研究会の紹介記事が掲載されている。
2) OSHA（労働基準局）ではBehavior-based Safetyを推奨しており、安全管理のコンサルティングサービスはパフォーマンス・マネジメントを提供する会社の寡占状態になっている。
3) Sulzer-Azaroff, B., Loafman, B., Merante, R., & Hlavacek, A. C. （1990）Improving occupational safety in a large industrial plant: A systematic replication. *Journal of Organizational Behavior Management*, 11, 99-120.

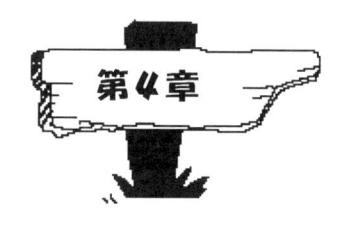

第4章 体重のマネジメント
自分に自信を持つ

■問題■
上澄「森さん」
森　「..........」
上澄「森さんってば」
森　「.......... えっ。ああ、ごめんなさい」
上澄「どうしたの？　ずっと黙ってしまって」

　ここは代官山ガトール。紅茶とレアチーズケーキが美味しいと有名な喫茶店だ。今日は上澄と森の五回目のデート。それなのに、運ばれてきたケーキをじっと見つめたまま、美由紀はもう3分間も黙ったままだ。
森　「上澄さん、私、やっぱりケーキいらない。食べて」
上澄「どうして？　ここのケーキが食べたいって言ったの君じゃない。それに、これ、本当に美味しいよ」
森　「..............」
　ケーキをパクつく上澄を恨めしそうに見ながら、美由紀は元気なく言う。
森　「やっぱりいらない。食べていいよ」
上澄「そうかい。じゃあ、いただくとするか。でも大丈夫？　お腹の具合でも悪くなった？」　美由紀のケーキに手を出してハッとする上澄。「もしかして、さっきのこと、まだ気にしているの？」

　"さっきのこと"とは、ここに来る前に立ち寄ったブティックでの出来事だ。ショーウィンドウで見つけたスーツが気に入って、試着しようと美由紀は店に入った。この手の店が苦手な上澄は、向かいの書店で週刊誌を立ち読みしていた。数分後、美由紀が落ち込んだ顔でブティックから出てきた。サイズが合わなかったらしい。

上澄「気にするなよ。洋服のサイズが合わなかったくらいで。君はそんなに太ってないって」　大失言である。"太っている"という言葉は大多数の現代人、特に女性にとっては嫌子になっている。そして嫌子の出現は攻撃行動を引き起こす。

森　「……な、何よ。うるさいわね。放っておいてよ」　美由紀は上澄の手からケーキを取り返し、猛然と食べ始めた。「どうせ、ケーキの一つ二つなんか、関係ないんだから」

上澄「……」

　そう言えば前回のデートのとき、ワインで少し酔った美由紀は、いかに自分の容姿に自信がないか、そして自信がなくて不安になるとケーキやお菓子を食べまくってしまうことを告白してたっけ。松嶋菜々子に似てるのに、何でそんなこと気にするんだろう？　そのときの上澄は、まさに、"女の気持ちは分からないや"状態だったのだ。

　黙ってケーキを食べ続ける美由紀を見ながら上澄は考えた。彼女の場合、問題は体重そのものにはないのかもしれない。むしろ、自分で自分の行動が思い通りにならないことで自信を失っているのだ。その意味では彼女も個人攻撃の罠の被害者だ。パフォーマンス・マネジメントが役に立つに違いない。

　自分にも"爪を噛む"癖があって、みっともないからなくしたいと思っているけど、全然止められない。そう言えば、平野豪から借りている『行動分析学入門』に"目をこする"とか"爪を噛む"という癖を矯正する方法が載ってたっけ。よし、彼女と二人でこの問題を解決してみよう。

■解決策■

　上澄は美由紀に、自分も爪を噛む癖が恥ずかしくてしょうがないこと、そして、大の大人にもなって自分で自分の行動がどうにもできないのが悲しいことを告白した。そして、この問題をパフォーマンス・マネジメントで解決するためには、美由紀の協力が必要なんだと、泣き落としにかかった。

　目の前の弱者に手を差し伸べるという行動には、社会的な強化が働いている。それに自分のダイエットの問題も一緒に解決できるかもしれないと聞き、美由

紀は喜んで応じてくれた。

　二人は、まず、**達成目標**と**行動目標**を決めることにした。達成目標とは、最終的に何を達成したいかという目標、行動目標は達成目標のためにすべき、あるいはすべきでない行動に関する目標である。上澄は達成目標を"すべての指の爪の先に、噛み後のない白い部分が2mm以上あること"とし、美由紀は"体重Xkg"とした（美由紀の名誉のためにXは伏せ字のままにしておこう）。そして、1週間に数回はこの達成目標をチェックし、記録を残すことにした。

　上澄の行動目標は簡単だった。ズバリ"爪噛み"である。この行動を減らせばいい。美由紀に関しては、行動目標選びが少々難航した。最初、美由紀は"甘い物を食べる"のを減らさなくてはいけないと思い込み、でもそれはあまりに彼女の人生をつまらないものとするので悩んでいた。都内のケーキ屋を食べ歩くほどのケーキ好きにとって、これはあまりに辛すぎる選択らしい。結局、運動不足も問題だからということで、"毎日、ジョギングを15分、腕立て伏せを20回、腹筋を20回する"というように、運動を行動目標にすることで落ち着いた。行動目標に関しては、記録を毎日つけてグラフを描くことを二人で約束した。

　記録をつけ始めて最初の2週間は、目新しさも手伝って、上澄の爪噛みは減り、美由紀はほとんど毎日欠かさずジョギングと腕立て、腹筋を続けた。美由紀の体重は減り、上澄の爪はきれいに伸びていった。二人はデートのたびに話し合い、目標達成を祝った。

　ところが、3週間目、ちょうど会社の仕事が忙しくなって、残業が続いた頃から、だんだん雲行きが怪しくなってきた。ある晩、夜の10時過ぎまで残業していた上澄は、パソコンで書類を作成しながら爪を噛んでいる自分に気がついた。「や、やばい」と思いながらも、自分で自分の行動を止められず、あっという間にせっかく伸びていた爪をほとんど噛みきってしまった。おなじみの自己嫌悪である。美由紀の方も、会社から疲れて帰ってから公園までジョギングにいく気にもならず、お風呂から上がるとテレビを見ながらお菓子を食べてしまっていた。これまた自己嫌悪に陥りながら。

上澄「これは、もう、次の段階に入らなくちゃならないようだね」
　その週末、二人は決起の地、喫茶店ガトールに舞い戻り、再度作戦を練るべく話し合っていた。美由紀は紅茶しか頼んでいない。「行動記録をつけるだけでは、効果が長続きしないようだ」
森　「やっぱり、私、意志が弱いから．．．．」
上澄「そんなことないって。多分、グラフで目標達成を見るという好子による強化は、仕事のイライラを解消する強化とか、疲れているときに運動するといった弱化よりも弱いということだと思うよ」
森　「強化って何のこと？」
上澄「君にはまだ説明してなかったけど、僕たちが取り組んでいるパフォーマンス・マネジメントは、行動分析学という心理学が元になっていてね。強化とか好子とかは行動分析学の概念さ」
森　「へぇ」
上澄「友達から借りてる本があるから、君も今度読んだらいい」
森　「わかった。そうするわ。でも、次の段階って何するの？」
上澄「記録をつけるだけじゃなくて、もう少し強力な好子を使ってみよう。もしかしたら嫌子も使わなくちゃならないかもしれない。特に僕の場合はね」

　そうして二人は次の計画をたてた。上澄は『行動分析学入門』に紹介されていたミルテンバーガーとフークエの**習慣逆転法**[1]を使ってみることにした。爪を噛んでいることに気づいたら、すぐに止め、噛んだ方の手を握りしめ、頭上に腕を伸ばして３分間保持するのだ。やってみると分かるが結構疲れるし、何より周りに人がいたらものすごく恥ずかしい。
　美由紀の場合、毎日好きなお菓子を１個だけ食べてよいことにした。その代わり、運動をした後だけである。運動をサボったらお菓子もなしだ。そして毎晩上澄の携帯に電話して、その日の成果を報告することにした。
　この第２段階の作戦はたちまち効果を発揮して、上澄の爪は再び伸び始め、美由紀の体重は減っていった。二人は毎晩電話で話をして、お互いの成功をお祝いした。
　さぁ、果たして、今度こそ、ずっと成功が続いただろうか？

■解説■

　自分の行動を自分で管理するのは難しい。ケーキやタバコのような強力な好子があったり、癖のように行動が自動化していたり、対人関係で、たとえばすぐに皮肉を言ってしまうように、これまでの人生でずっと強化され、行動レパートリーになってしまっている場合には特にそうである。

　しかし、そもそもの問題は「自分の行動は自分の意志によるものだ」という迷信にあるのかもしれない。そう、これは迷信である。強化の原理や弱化の原理から分かるように、行動は環境との関係、すなわち行動随伴性によって引き起こされたり、抑えられたりする。意志の力によってではない。

　もちろん"意志"も影響する。「やせたい」と思うのは行動だし、それが先行条件として働いてケーキを半分しか食べないこともあるだろう。嫌煙家の友人の前では遠慮してタバコを吸わないかもしれない。でも"意志"の影響は、通常、行動随伴性のごく一部でしかない。だから自分の行動を完璧に管理できないのは、むしろ当然なのだ。それを知らないと「自分は意志の弱い人間だ」と個人攻撃の罠にはまってしまう。

　自分の行動の管理が問題になったら、まずはその行動について現状の行動随伴性をＡＢＣ分析してみよう。

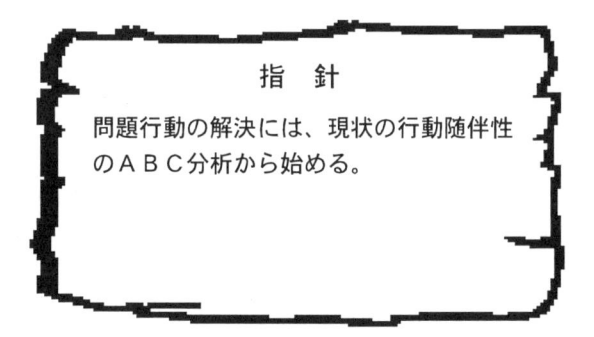

指　針

問題行動の解決には、現状の行動随伴性のＡＢＣ分析から始める。

　ケーキや甘いお菓子を食べてしまうときには、もちろん、強力な強化の原理が働いている。

A：先行条件	B：行動	C：結果
家で 喫茶店で 「ほんとは食べちゃだめ」	ケーキを食べる	美味しい（↑） 体重増加（−） 「だめだなぁ」（？）

　一般に、**行動**(B)と**結果**(C)の間の時間差が短いほど、強化の原理は強く働く。ケーキを一口、口に入れると、瞬時に甘さが広がる。抜群の好子だ。そして強化の原理が働く。
　ところが一口のケーキでは体重の増加には影響しない。二口でも、三口でもたいして変わらない。でも、一、二週間ケーキを食べ続けると、体重計に乗るのが怖くなってくる。確かに嫌子だ。でも、この結果には時間差がありすぎる。だから弱化の原理が働かない。

　ケーキを食べながら"自責の念"に駆られている人の行動を分析してみよう。一口食べるごとに「だめだなぁ」とため息をついているかもしれない。これでもし食べるのを止めることができたら、「だめだなぁ」は嫌子として働いていることになる。でも、たいていは食べ続けてしまう。つまり、「だめだなぁ」はケーキを食べる行動を弱化するのに十分な嫌子ではないことになる。繰り返すが、これは"意志"が弱いせいではない。あくまで十分な嫌子がなく、反対に、強力な強化の行動随伴性があるせいだ。

　そこでパフォーマンス・マネジメントの出番となる。美由紀の場合、ケーキなしの人生は考えられないから、体重を減らすという達成目標をかなえる他の方法に着目した。毎日の運動量を増やすことだ。ＡＢＣ分析をしてみよう。
　仕事から疲れて帰ってきてから運動すると、より疲れる。時間差のない強力な弱化だ。それに１回ジョギングしても体重が目に見えて減るわけでもない。"継続は力なり"というが、継続しないと現れない結果は、残念ながら、行動を強化しない。現代人のほとんどが運動不足であるという問題は、こうしたＡＢＣ分析からすれば納得がいく。

第4章 体重のマネジメント

A：先行条件	B：行　動	C：結　果
仕事から疲れて帰ってきて	運動する	より疲れる（↓） 体重減少（−） グラフがよく見える（↑） 目標を達成する（↑） ケーキが食べられる（↑） 上澄と話せる（↑）

　行動を記録したり、目標の達成を祝ったり、自分で自分にご褒美をあげたり、恋人と話す機会を設けるというのは、すべて行動を強化するための好子である。パフォーマンス・マネジメントは、**先行条件(A)**と**結果(C)**を工夫して、**行動(B)**を支援する。行動随伴性を分析して、自分の目標を達成するために改善するというのは人間にしかできない技である。その意味では、パフォーマンス・マネジメントこそが"意志の力"であると言えるかもしれない。

　さて、上澄と美由紀のパフォーマンス・マネジメントは成功し続けたのだろうか？　答えはイエスとノーの半々だ。
　美由紀の場合、パフォーマンス・マネジメントでジョギングや腕立て、腹筋を続けるうちに、派生の原理が働いて、体を動かしたり、汗をかいたり、筋肉がはることが好子になってしまった。運動すること自体が好きになってしまったのだ。そこで美由紀は、近所のスポーツクラブに入会した。今では記録もつけていない。その必要がないからだ。美由紀は自分の体重は自分でコントロールできるという自信を身につけた。とてもハッピーである。
　上澄の方はというと、それほど素晴らしい成果を上げていない。習慣逆転法は３週間成功したが、年度末で仕事が忙しくなったとき、ついついまた爪を噛んでしまった。こういうときは、一度噛み始めると止まらなくなる。それでも個人攻撃の罠には陥らずに、次々と新しい方法を試している。今は、手首に輪ゴムを巻いて爪を噛むたびに輪ゴムをはじくという輪ゴム療法を平野から教わって試している。
　新しい方法を試すと必ず数週間は爪を噛まなくてすむ。上澄にも、自分の癖をある程度はコントロールできるという自信がついた。うまくいかないときは、その理由をＡＢＣ分析から推定できるという自信も。それから、自分の行動を

記録して実験してみることの楽しさにもはまってしまったようだ。

　自分に自信を持つと自己管理がうまくいくわけではない。そう考えると「自己管理がうまくいかないのは自分に自信がないからだ」と個人攻撃の罠にはまってしまう。真実はどうやら逆のようである。自己管理がうまくいくと自信は後からついてくる。そして自己管理を成功させるためにはパフォーマンス・マネジメントが役に立つ。

■クイズ■
　上澄の癖の問題について、爪噛みがどのように強化されているのか、パフォーマンス・マネジメント（習慣逆転法）ではどうやってこの問題を解決しようとしたか、ＡＢＣ分析をしてみましょう。

A：先行条件	B：行　動	C：結　果
仕事が忙しくなってくると	爪を噛む	?

■注釈■
1) Miltenberger, R. G., & Fuqua, R. W. （1985）　A comparison of contingent vs. non-contingenct competing response practice in the treatment of nervous habits. *Journal of Behavior Therapy and Experimental Psychiatry*, 16, 195-200.

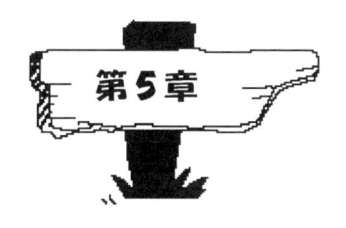

第5章　恋愛のマネジメント
素直になれなくて

■問題■

上澄「君たち、今年の新人にはもう会った？」
藤木「は、はい......」
上澄「みな初々しいよな」
京野「え、ええ......」
上澄「？」

　先週の目標達成を祝福するために、事務所の近くにあるイタリア料理屋、カターニャへ昼飯を食べに来た上澄と元新人の二人。ところがいつも元気な二人が沈んでいる。藤木に至っては食も進まぬ様子である。

上澄「君たち、どうした？　元気ないじゃないか。何かあったの？」　いよいよ下を向いてしまった藤木を京野が横から小突きながら言う。
京野「久美子、係長に相談してみたら」　黙ったまま、小さく頷く藤木。でも自分からは話そうとしない。
藤木「..........」　事情を知っているらしい京野に、上澄が目配せをする。藤木の代弁をするという行動を引き起こす**先行条件(A)**だ。
京野「いいの？　私から話すわよ」　藤木が頷くと同時に京野は芸能レポーターばりの解説を始めた。「実はですね......」

　京野の話をまとめるとこうだ。歓迎会に出てみると、今年入社した新人の中に、藤木が学生時代に付き合っていた元彼氏、木村祐介がいた。藤木と木村は同級生だったが、木村は留年し、1年遅れての卒業となった。木村の留年が決定し、藤木が就職活動で忙しくなった頃、二人の間は何となくぎくしゃくするようになり、別れてしまった。しかし、藤木は未だに木村のことが忘れられず、そしてそれは木村も同じということが判明した。そこで、歓迎会の日から、二

人はまた連絡を取り合うようになったというのだが....

藤木「素直になれないんです」　京野の話が一段落して、ようやく藤木が口を開いた。
　　　「お互いに意地を張ってしまって」
上澄「素直になれないって、たとえばどういうこと？」　ここ１年、パフォーマンス・マネジメントに取り組んできた上澄には"問題は具体的に考える"という指針が自然に身についたようである。
藤木「たとえば、ですか？」　藤木は首を傾け、想い出すように話を続けた。
　　　「たとえばですね。アフターファイブに、食事でも一緒にしたいなぁと思うわけですよ。それで昼休みに彼の携帯に電話して『今日、暇でしょ』って言っちゃうんですよ」
上澄「.........」
京野「しかも、すかさず『私、今日は中華がいい』って言うんでしょ」　京野がちゃちゃを入れる。でもどうやらそれも事実らしい。
藤木「そうすると、彼『暇なわけないだろう！』って怒るんですよ。それで、私、ヤバイって思いながらも『新人のくせに』なんて切り返しちゃって......　あぁ、もうイヤだ」

　それじゃ"切り返し"どころか"斬り返し"だろうと、思わず出そうになった皮肉を飲み込み、上澄は考えた。相手を傷つけると分かっていることを、どうして人は言ってしまうんだろう？　これは藤木だけの問題ではない。自分にも思い当たることがたくさんある。実際、美由紀からは、しょっちゅう"イジワル"と言われている。でも、皮肉屋だからとか、いじわるな性格だからとか、わがままだからと説明するのでは問題は解決しない。個人攻撃の罠に陥ってしまうだけだ。

上澄「君は、その木村君のことが好きなんだな」
藤木「はい」
上澄「よけいな喧嘩はせず、素直に楽しく付き合いたいんだな」
藤木「当たり前ですよ」

上澄「よし。それなら僕に考えがある。パフォーマンス・マネジメントが使えるかもしれない」
京野「えぇ？ 恋愛に目標を設定するんですか？」
上澄「もしかしたらね。とにかく少し時間をくれないか。調べてみたいこともあるし」

■解決策■

　その晩、さっそく上澄は恋愛のパフォーマンス・マネジメントについて考えてみた。でも、これまで解決してきた問題－余白を正しく設定したり、書類を処理したり、マスクをつけたり、ジョギングしたり－と恋愛とはあまりに違いすぎる気がした。そこで上澄は友人の平野に相談を持ちかけた。電話で事情を話すと、受話器の向こうで平野が大笑いを始めた。
平野「ゴメン、ごめん。君がそこまで色々なことをパフォーマンス・マネジメントで考えるようになるとは思ってもいなかったからね。でも、それは素晴らしいことだよ」
上澄「それじゃ、恋愛にもパフォーマンス・マネジメントが使えるってこと？」
　自分が間違ったことを言って笑われたわけではないと分かって安心し、上澄は質問した。
平野「死人に恋愛ができるかい？ 死人にできないことは行動だ。だから、当然、パフォーマンス・マネジメントも使えるよ。ただ……」
上澄「ただ？」
平野「うん。"恋におちる"とは言うけど"恋におとす"とは言わないだろ。我々の文化には、恋愛は自然なものであるべきだという価値観がある。だからパフォーマンス・マネジメントを利用して恋愛をうまく進めようとするのは不自然に思われるかもね。恋愛を冒涜するものだ！ なんて怒る人もいるかも」
上澄「確かにそうかもしれない。でも、惚れた相手に振り向いてもらうために、あの手この手をつくすのも我々の文化にある行動レパートリーじゃないか。バイアグラなんてクスリが人気になるっていうことは、幸せになるためだったらセックスに科学の力を借りてもいいという価値観の現れだ

と思うよ。恋愛に薬の科学が受け入れられるなら、行動の科学も受け入れられて当然じゃないか」
平野「確かにそうだね。僕も基本的には君の考えに賛成さ。でも、その藤木さんという人にアドバイスするつもりなら、医者が薬の性質や効用、副作用について説明して、合意を得てから処方するように、君もパフォーマンス・マネジメントについてよく説明し、合意を得ないといけないよ。そうしないと街の占い師と一緒になってしまうから」

　翌週、平野の協力で作成した恋愛のパフォーマンス・マネジメント計画を、上澄は藤木に説明した。
　まず、記録を取ること。とは言っても藤木と木村の会話をすべて記録するのはたいへんな手間だし、意味がない。とりあえず木村をデートに誘う会話だけに注目し、次の四点について記録することにした。
（1）相手の都合や希望を先に聞いたかどうか
　いきなり「帰りにご飯食べていこうよ」は×。「今日、時間ある？」は○。
（2）相手の都合や希望を決めつける発言をしたかどうか
　「暇でしょう」はもちろん×。「何が食べたい？」は○。
（3）自分の希望を選択肢の一つとして提案したかどうか？
　「私は中華が食べたい」は×。「何が食べたい？　カレー？　焼き肉？　私は中華が食べたいな」は○。
（4）誘いを断られたときに、余計なことをいったかどうか
　「新人のくせに」「いつも忙しいんだから」は×。「残念だわ。また今度ね」は○。

　藤木は「記録をつけるなんて面倒くさい。それにこれじゃ私の思い通りにならないじゃない。男女同権に反するわ」と最初は納得がいかないようだった。それでも最後には「もしうまくいけば、君の希望は、少なくとも今よりはかなうようになる。うまくいかなければ、やめればいいんだから」という上澄の言葉に説得された。

第5章 恋愛のマネジメント

　1ヶ月後、ほとんど定例となっている目標達成を祝う昼食会で、藤木はご機嫌である。
藤木「夕べはホントに楽しかった。彼の新車でゴールデンブリッジをドライブしてきたの。きれいだった。最近、彼、とっても優しくて....」　京野と上澄を聞き手に回し、藤木のおのろけは止まるところをしらない。
　パフォーマンス・マネジメントが成功しすぎるのも考えものだ。そう心の中でつぶやく上澄。

■解説■

　社会の問題であれ、組織の問題であれ、個人の問題であれ、解決しようとするなら、問題はできるだけ具体的にとらえなければならない。問題を具体的にとらえるためには、それが誰のどんな行動による問題か、その行動はどういうときに起こるのか、そして、その行動の直後にはどんな結果があるのかを書き出してみる。すなわち、現状のＡＢＣ分析をしてみることが肝心だ。

　恋愛の場合、そして他のどんな人間関係でも、必ず二人以上の人間の行動がかかわっている。だからＡＢＣ分析も両者の行動について行う。
　たとえば、パフォーマンス・マネジメントを始める前の藤木久美子と木村祐介の会話を思い出してみよう。

藤木「今日、暇でしょ。私、今日は中華がいい」
木村「暇なわけないだろう」
藤木「新人のくせに」

　まずは藤木の発言。

Ａ：先行条件	Ｂ：行　動	Ｃ：結　果
木村と一緒に夕食をしたくて	「今日、暇でしょ」	「暇なわけないだろう」(−)

ここから藤木には「今日、暇でしょ」のような紋切り型の要求が行動レパートリーとして身についていると推測できる。紋切り型の要求がかなうこともあるだろう。おそらく、

A：先行条件	B：行　動	C：結　果
誰かと一緒に夕食をしたくて	「今日、暇でしょ」	「うん、暇だよ」(↑)

という強化がかつてどこかで起きたに違いない。あるいは木村との関係でも、この発言がたまには強化されているのかもしれない。

行動は、**遺伝**と**歴史**と**現状**の三つの条件に影響される。この例では遺伝はおそらく関係ないから（紋切り型の発言が遺伝する証拠はどこにもない）、注目すべきは、過去の行動随伴性と現状の行動随伴性である。

過去の行動随伴性は、(1) どういう先行条件でどういう行動が起こりやすいか、(2) どういう行動がどういう結果によって強化されたり弱化されたりするかを決定する。前者は、すなわち行動レパートリーのことであり、後者は、派生の原理によって、どんな環境変化が好子や嫌子として働くようになったかということである。遺伝と過去の行動随伴性の違いによって個人差が生まれる。現状の行動随伴性が同じでも、それぞれが異なるように行動するのは、遺伝と過去の行動随伴性が違うからだ。これらをまとめて、我々は日常、『性格』とか『個性』と呼んでいる。

過去の行動随伴性の影響がいかに強力かは、藤木の紋切り型の発言が木村の怒りのリアクションによっても弱化されないことから明らかである。さらに、もう一つ、強化に関する次の原理がある。

行動するたびに強化されることを連続強化、たまにしか強化されないことを部分強化という。様々な研究から、連続強化されていた行動よりも、部分強化されていた行動の方が消去されにくいことが分かっている。つまり、紋切り型の発言がどこかでたまに強化されている限り、木村にデートを1回断られるく

らいでは消去の原理が働かないということになる。

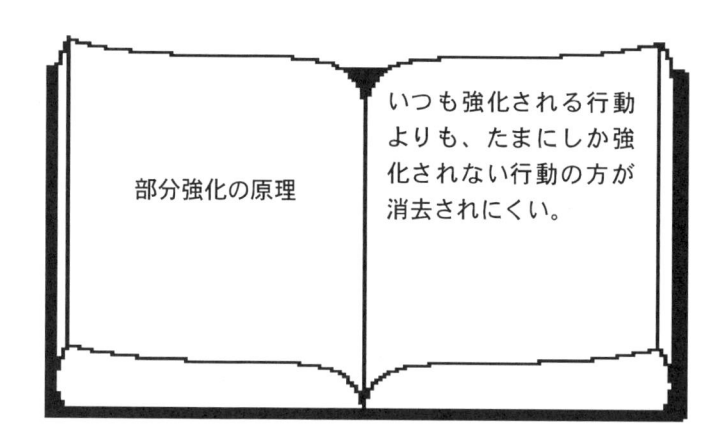

部分強化の原理
いつも強化される行動よりも、たまにしか強化されない行動の方が消去されにくい。

木村の発言に関しても同じように過去の行動随伴性を分析することができる。しかし、ここでは、もう一つ、重要な行動の原理に注目してみよう。

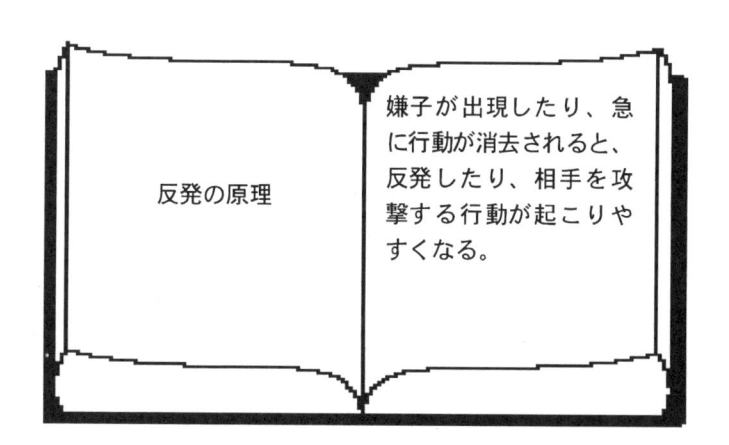

反発の原理
嫌子が出現したり、急に行動が消去されると、反発したり、相手を攻撃する行動が起こりやすくなる。

A：先行条件	B：行動	C：結果
「今日、暇でしょ」 「私、今日、中華がいい」	「暇なわけないだろう」	「新人のくせに」(↑)

ここではまさに反発の原理が働いている。木村は入社したばかりで、仕事に慣れておらず失敗も多いだろう（嫌子の出現、頻繁な消去）。実際忙しいだろうし、忙しいのに「暇でしょ」と決めつけられるのは嫌子に違いない。

　誰かが自分の行動をコントロールしようとすることも、たいていの場合、嫌子として働く。コントロールしようとすると（「私、今日、中華がいい」）、反発の原理が働いて、逆らったり、反抗する行動が起こりやすくなる。相手が困ることが好子になるからだ。これを**カウンターコントロール**とも呼んでいる。

　だから面白いことに、木村に対して感情的になった藤木の「新人のくせに！」という発言は、木村にとってますます嫌子の出現になり、「暇なわけないだろう！」という発言を強化する好子になってしまっている可能性すらある。

　一方、藤木の「新人のくせに」も、デートを断られたという消去や木村の強い口調という嫌子によって、反発の原理が働いて引き起こされた発言であろうことは、もうお分かりだろう。

　恋愛のパフォーマンス・マネジメント作戦を藤木に提案したとき、上澄はこうした行動の原理を説明し、問題を解決するためには、藤木が新しい行動レパートリーを獲得するのがてっとり早いと助言したのだ。

　反発の原理が働かないようにするためには、相手に選択肢を与えればよい。そして相手が自分の希望と同じ選択をしたら感謝の気持ちで強化するのだ。

A：先行条件	B：行　動	C：結　果
「何が食べたい？　カレー？　焼き肉？　私は中華が食べたいな」	「じゃあ、中華にしようか」	「嬉しい！」（↑）

　嫌子だらけの恋愛はつらく苦しい。パフォーマンス・マネジメントで恋愛関係にも好子を増やそう！

■クイズ■

　恋愛のパフォーマンス・マネジメント作戦で、上澄は、藤木にデートの誘い方に関して新しい行動レパートリーを教えただけでなく、行動の記録をつけることを勧めました。どうしてでしょうか？　ＡＢＣ分析をして考えてみましょう。

A：先行条件	B：行　動	C：結　果
木村をデートに誘うとき	紋切り型で誘う	デートを断られる（↓） 怒鳴られる（↓）
	選択肢つきで誘う	？

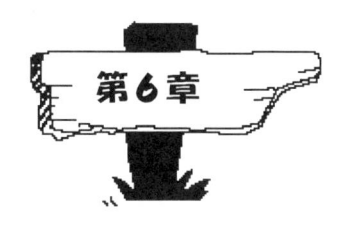

第6章 スポーツのマネジメント I
私をプールにつれてって

■問題■

　どこまでも続く紺碧の空。エメラルドのように光る海。しぶきを上げて滑るように進むボートの両脇には、何十頭ものイルカが飛び跳ねながら、力強く泳いでいる。まるで私たちを歓迎しているようだ。

　しばらくしてボートは停泊する。エンジンの音が止み、あたりは嘘のように静かになる。シュノーケルをつけ海に飛び込む。そこはグランブルーの世界。気がつくと、一頭のイルカがこちらに向かってゆっくりと、私を驚かさないように泳いでくる。視線があう。瞬間、心が通じたような気がする。

　イルカは私の回りを泳ぎながら、一緒に泳ごうよと口先で合図する。よし。心を決めた私はイルカの背びれに手をかける。急激な加速感覚。私も精一杯キックして自力で泳ごうとする。背びれから手を離す。イルカは私の上に下に、左に右に、戯れるようについてくる。色とりどりの珊瑚のテーブルの上を、銀色のシャワーのような小魚の大群の中を、私たちは自由に泳いでいく.......

　「小西さん、小西さん。　主任さんってば！」
　向かいの席の部下に呼ばれ、小西紀子は我に返った。また白昼夢を見ていたらしい。先日、映画「グランブルー」を観てからというもの、南の島の青い海でイルカと一緒に泳ぐというイメージが頭から離れないのだ。

　でも夢を実現するには、たった一つ、しかも肝心の問題があった。紀子は泳げなかったのだ。ただ泳げないだけではない。小学校の体育の時間に溺れそうな経験をしてからというもの、プールや海など、足が届かないような深いところなど、考えるだけでもゾッとするくらいだ。実際、あの日以来、何かと理由をつけ水泳の授業はすべてサボってきた。海水浴にもいっていない。

そんな自分がなぜこれだけイルカと一緒に泳ぎたいと思うようになったのか、紀子にはさっぱり見当がつかなかった。自分の前世はイルカだったのかしらと思うくらいだ。

上澄「前世って、君は輪廻転生を信じているの？」　昼休み、同期の上澄良樹にこの話をすると、案の定、さっそく突っ込まれた。
小西「別に信じているわけじゃないけど。でも不思議でしょう。泳げもしない、水さえ怖い私が、イルカと泳ぎたいなんて」
上澄「ホントに泳げるようになりたいの？」
小西「ええ。考えてみたら私、昔は海が好きだったのよ。プールで溺れる前まではね。それなのにたった一度溺れそうになったくらいで、もしかしたら人生の大きな楽しみを見失っているかもしれないなんて、しゃくじゃない」
上澄「なるほど、確かにそうかもね」　小西は、大洋工業でいわゆる総合職として採用された最初の女性である。結婚してからも仕事を続け、今では開発部で主任をしている才女である。仕事だけでなくプライベートの相談にも何度かのってもらったことがある。ここは彼女の夢をかなえるのに一肌脱ごうじゃないか。
上澄「もしかしたら君の力になれるかもしれない。僕の友人に、慶洋大学で心理学を教えている平野豪という男がいるんだが、相談してみないか？」
小西「心理学？　私、カウンセリングとかなら、嫌よ」
上澄「映画に出てくるような、椅子に座って話を聞くだけのカウンセリングとは全然違うよ。パフォーマンス・マネジメントの話はしただろう」
小西「ええ、でも心理学で泳げるようになるのかしら？」　小西は上澄に答えを期待するでもなく、自分で自分に問いかけるようにつぶやくと、目をつぶった。イルカと泳いでいる自分を思い浮かべているのかもしれない。
小西「分かったわ。その平野先生という方に紹介してくださる？」

第6章　スポーツのマネジメントI

■**解決策**■

　上澄から事情を聞いた平野は、大学院生の南田隆を紹介してくれた。南田は平野の指導で**スポーツ行動分析学**の博士論文を書いているところらしい。しかも南田は学生時代に自由形で全国大会にも出場したことがあるという。小西の夢をかなえるには、まさにうってつけの人材だ。

上澄「スポーツ行動分析学というのがあるとは知らなかった。でも、考えてみれば死人にはスポーツはできないから、スポーツが行動分析学の対象になるのは不思議ではないね。パフォーマンス・マネジメントが使えるっていうことも」

南田「はい。スポーツ行動分析学では、水泳、フットボール、テニス、クラシックバレエ、野球、ゴルフなど、様々なスポーツを対象に、コーチングの方法が開発されています」

上澄「そう言えば『行動分析学入門』にも、負けっぱなしのテニス部を行動分析学で立て直したという話が載っていたな」

南田「そうです。あれは、この研究室で何年か前に行われた卒業論文なんですよ」

上澄「平野先生の話から聞いた話では、君はかなづちの大人をコーチして、数週間で何百メートルも泳げるようにしたんだって？」

南田「はい。今はそうした研究をまとめて博士論文を書いているところなんです」

上澄「僕の同僚の小西さんていう女性にもその方法が使えるかな？」

南田「お聞きしたところによると、小西さんの場合、泳げないだけじゃなくて、水に対する恐怖反応があるようです。だから水泳のコーチングに入る前に、まずはその問題を解決しなくてはならないようです」

上澄「どうやって？」

南田「**系統的脱感作法**という手法がよく使われます」　南田は用意してあった資料を使って、上澄にその手法を説明してくれた。

小西さんの水に対する恐怖をなくす計画

1. まず、研究室にきてもらう。リラクゼーションのテクニックを使って、十分、緊張をといた後で、プールや海を思い浮かべてもらう。
2. 恐怖反応が出ないようなら、さらに、自分が水着を着けて、プールに入っていくことを思い浮かべてもらう。最初は足だけ、次に腰まで、そして肩までというように徐々に進める。恐怖反応が出たら、その時点で中止する。
3. 研究室で、プールや海の、足がつかないくらい深いところで泳ぐというイメージが、恐怖反応なしで思い浮かべられるようになったら、大学のプールへいってみる。
4. この場合もリラクゼーションで緊張をとき、恐怖反応がでないことを確認しながら進める。
5. プールサイドへいく、水面を手で触る、足をつける、プールサイドに座って足を水に入れる、浅いプールに立つ．．．というように徐々に進める。恐怖反応が出たら即刻中止する。

　すでに小西は、イルカと泳ぐイメージを恐怖反応なしで思い浮かべられる。おそらく1〜3のステップは問題なく進むだろう。しかし、最も重要なのはトレーニングの最中に恐怖反応が出ないようにすることなので、そのためには急がず、時間をかけた方がいい。平野からのアドバイスももらい、南田は小西とのセッションを開始した。

　平野の予想通り、研究室でのイメージトレーニングは難なくこなした小西だったが、プールでの実習は難航した。本物の水を目の前に小西の足はすくみ、心拍数は急激に上昇した。そんなとき、南田はすぐにセッションを中止し、小西を研究室へ連れて帰った。そして小西が落ち着いて、恐怖反応がなくなってから、またセッションを継続した。
　南田は小西に、もし恐怖反応が出そうになったら、南の島でイルカと泳いでいる自分をイメージするように指示した。できるだけ楽しく、リラックスしたイメージを。
　こうしたセッションを数回続けることで、小西はプールに腰まで浸かれるようになり、肩まで水がきても、水面に波がたっても大丈夫になり、最後には水

中に潜ることもできるようになった。プールに対する恐怖反応が消えたのだ。
　そこで南田はいよいよ次のステップに入ることにした（この続きは次章で）。

■解説■

　これまで上澄がパフォーマンス・マネジメントを使って解決してきた行動は、ワープロで余白を指示通りに設定するのも、書類を処理するのも、マスクをつけるのも、恋人をデートに誘うのも、みな**オペラント**と呼ばれる種類の行動である。パフォーマンス・マネジメントの対象になるのは十中八九、オペラントだと言ってよい。オペラントとは生物が環境に働きかけ、環境が生物に働きかける、いわば生物と環境との接点にあたる行動だと考えられる。

　ところが行動にはもう一つ、別の種類の行動がある。それが**レスポンデント**と呼ばれる行動だ。レスポンデントは、そもそも遺伝的に備わっている反射が、派生の原理によって、新しい刺激によっても引き起こされるようになった行動だ。

　読者の皆さんもパブロフというロシアの生理学者が行った実験をご存じかも知れない。初めはベルの音を聞いてもよだれをたらさない犬が、ベルをならしてから肉片を与えることを何回か繰り返すと、ベルの音を聞いただけでよだれをたらすようになる。

　犬にとって肉片は生得的に唾液の分泌を引き起こす。これを反射という。ここでは肉片のように反射を引き起こす刺激を**反射子**と呼ぶことにする[1]。一方、ベルの音は生得的には唾液の分泌を引き起こさない。これを**中性子**と呼ぶ。ところが、ベルの音と肉片を続けて見せると、派生の原理が働いて、ベルの音だけでも唾液が分泌されるようになる。中性子が反射子になる、この現象を**条件反射**という。

　レスポンデントには強化の原理や弱化の原理は働いていない。ベルの音を聞かせて犬がよだれを出し、それを肉片で強化しているわけではない。唾液を分泌した直後に肉片が食べられなくても、犬はよだれを流し続ける。唾液分泌は**先行条件(A)** のみによって引き起こされているからだ。だから、レスポンデントの分析にはＡＢＣ分析ではなく、次のＡＢ分析を使う。

A：先行条件		B：行　動
ベル	→	唾液分泌（条件反射）
［↑派生］		
肉片	→	唾液分泌（反射）

　行動(B)には、必ず、生得的に身についている行動が入る。レスポンデントでは、派生の原理によって中性子が反射子化する。行動には変化がない。新しい行動が学習されるわけではないからだ。

　レスポンデントは、我々の感情や感覚と密接な関係を持っている。たとえば強度のあがり症はかつて人前で強い苦痛刺激（怒られたとか恥をかいた）を受け、人前という中性子が血圧や心拍数の増加、すなわち緊張を引き起こす反射子になったレスポンデントであると分析できる。
　また、あがり症の人に限らず、苦手な人というのは誰にでもいるものである。これも何らかの苦痛な体験が、その人を中性子から反射子へと変化させたと考えられる。罵声自体は、元々、恐怖反応を引き起こさない。つまり中性子である。ところが、これが威嚇的な声や暴力と結びついて、普通はすでに嫌悪的な反射子になっており、罵声を受ければ、心拍数や血圧が上昇するなどの恐怖反応が生じる。このため、誰かから罵声を受けるとその人がこの機能を引き継ぎ、新しいレスポンデントが形成される。
　たとえば、最初は何の恐れも感じなかった上司に、ある日、会議の寸前に用意した資料に間違いが見つかって、こっぴどく怒られた。それ以来、その上司の前では、どうも萎縮してしまい、うまく話せない、目が合わせられない。これは職場における不幸なレスポンデントの例である。

A：先行条件		B：行　動
上司	→	恐怖反応
［↑派生］		
罵声	→	恐怖反応

　レスポンデントには嫌悪的な反応ばかりではない。大きな契約が結べたとき

の達成感や連休のことを考えるときの興奮も、中性子が反射子化したためのレスポンデントである。なにかにつけ暖かい言葉をかけてくれ、いつも微笑んでいる上司なら、その名前を思い浮かべただけで、なんとなくホッとした気持ちになるかもしれない。

　上のＡＢ分析と次のＡＢ分析を比較、検討すれば、どうすれば部下から恐がられる上司になるか、どうすれば部下から慕われる上司になるか、自明の理であろう。

Ａ：先行条件		Ｂ：行　動
上司	→	安堵反応
［↑派生］		
笑顔や優しい言葉	→	安堵反応

　さて、小西紀子の場合、小学校の体育の時間にプールで溺れそうになったという経験とその後の恐怖症はどのように分析できるだろうか？

Ａ：先行条件		Ｂ：行　動
プール	→	恐怖反応
［↑派生］		
肺に水	→	恐怖反応

　プールに入ったり、泳いでいる自分を思い浮かべることは、初めは中性子であり、苦痛を引き起こさなかった。ところが溺れかけて肺に水が入り、プールや泳ぐことが苦痛と組み合わされ、派生の原理が働いて、これらの状況が反射子化してしまった。プールのことを考えただけで溺れたような苦しさを味わうようになってしまった。このレスポンデントが小西紀子の"トラウマ"の正体だったのだ。

　それでは南田の系統的脱感作法はどのように恐怖を取り除いたのだろうか？

派生の原理によって反射子化した中性子を元に戻すためには、反射子とは組み合わせずに**単独で**提示すればよい。南田がリラクゼーションを使って緊張をとき、徐々に反射子化した状況を導入し、恐怖反応ができるだけ起こらないようにしたのは、このためである。

これをＡＢ分析すると次のようになる。

Ａ：先行条件	Ｂ：行　動
プール　　　　　　→	恐怖反応なし

辛いことはできるだけ思い出さず、そっとしておくのが一番と考えるかもしれない。でも、実は、辛いことを忘れたかったら、辛さを思い出させるような刺激や状況を、できるだけ辛さを感じないようにして見たり、聞いたり、考えたりした方がいいのだ。

第5章では、行動は遺伝と歴史と現状の三つの条件に影響されるとし、特に過去の行動随伴性が、いわゆる『性格』とされる個人差を築き上げていると解説した。レスポンデントの場合、反射に関しては遺伝によって完全に決定されている。そして条件反射－すなわち、どんな中性子が反射子化しているか－は、個人の歴史による。ＡＢ行動随伴性の歴史によって、何を心地よく感じ、何に不安や恐怖を抱き、どんなときに緊張したり、リラックスするかが変わってくるのだ。

■クイズ■

南田は小西の恐怖症を克服するセッションで、南の島でイルカと泳ぐ自分をイメージするように指示した。これはプールや水が恐怖反応を引き起こさないようにする工夫だった。イルカと泳ぐイメージは小西にとってはワクワクする感覚を引き起こす反射子となっていたからだ。それではプールに入りながらこうしたワクワクするような状況を思い浮かべることは、どんな新しいレスポンデントを形成するのに役立っていたと考えられますか？　ＡＢ分析をして考えましょう。

A：先行条件		B：行　動
？ ［↑派生］	→	？
イルカと泳ぐ イメージ	→	ワクワク感

■**注釈**■

1) 一般的に、生まれながらにして反射を引き起こす刺激を無条件刺激、学習によって反射を引き起こすようになった刺激を条件刺激、それぞれによって引き起こされる反射を無条件反応、条件反応と呼ぶが、ここでは簡略化した用語と概念を用いた。

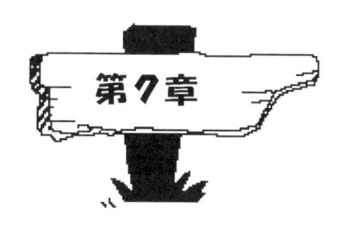

第7章 スポーツのマネジメントⅡ
かなづちから始めよう

■問題■

　慶洋大学大学院生、南田隆の協力で水に対する恐怖症を克服した小西紀子だったが、泳げないことに変わりはなかった。いつまでもプールの中を歩いていても仕方がない。試しに泳いでみて下さいという南田の言葉に従って、思い切って体を前に倒し、浮いてみようとする小西だったが、体は意に反して沈んでいき、手をバタバタさせて体勢を元に戻すのが精一杯だ。これではせっかく消失した水への恐怖が舞い戻ってきてしまう。

　南の島でイルカと泳ぐという小西の夢を実現するため、南田は次なるプログラムを開始した。

■解決策■

　人間の体というのは基本的には水に浮くようにできている。脱力していれば、手足をバタバタさせなくても沈まない。かなづちとは違うのだ。そこで南田は、まず、手をバタバタさせる行動を消去しようと考えた。

第1段階：水の中で全身の力を抜き、浮いていられるようにする。
（1）ダルマ浮き：両手で膝を抱え、水中でダルマのように丸くなり、この姿勢を30秒間保持する。
（2）クラゲ浮き：両手両足を弛緩させ、うつ伏せでクラゲのように水中に浮き、この姿勢を30秒間保持する。
（3）伏浮き：両手を前方に伸ばし、うつ伏せになって水面に浮く。この姿勢を30秒間保持する。
（4）背浮き：両手を前方に伸ばし、仰向けになって水面に浮く。この姿勢を30秒間保持する。

パフォーマンス・マネジメントを使って問題を解決しようとするときに着目する具体的な行動を、**標的行動**と呼ぶ。泳げるようになるための第1段階として、南田は"水の中で全身の力を抜き、浮いていられるようにする"という標的行動を設定した。そしてこの標的行動を身につけるため、四つの課題を用意し、それぞれに達成基準を設けた。

　各課題では、まず南田が手本を示し、小西にそれを真似させた。そしてうまくできているところを誉め（「いいですね、腕の力がよく抜けています」）、直すべきところを具体的に指示した（「肩の力を抜いて下さい」）。一つ一つの課題の基準が達成されるまで、練習を繰り返した。小西は2セッションかかって、最初の標的行動を習得した。

第2段階：ばた足で12m進む。ただし、
（1）足は腿から、一定のリズムで動かす。
（2）足を蹴るときは、最初は膝を曲げ、最後は伸ばす。
（3）足首を常に伸ばす。
（4）両手は前方に伸ばして重ねる。
（5）肘を閉める。
（6）頭の頂点を進行方向へ向け、2m先を見る。

　第2段階では"ばた足で進む"が標的行動として設定された。まだ息継ぎはしない。顔を水面につけたまま足を動かして進むだけだ。南田は、自分がばた足で進んでいるところをビデオに録画し、どんな特徴があるか何度も観察した。そして足の動かし方や、足首の曲げ方など、六つの達成基準を洗い出した。

　練習は、週に2回、小西の仕事が終わってから、慶洋大学のプールで行った。毎回、前回までのおさらいをしてから、その日の練習に入った。南田が手本を見せ、小西がやってみる。それを南田が六つの達成基準から評価して、すぐに指導する。だからアドバイスはすべて具体的になる。

　「足首がきれいに伸びてましたね。いいですよ」とか「足が膝からしか曲がってませんね。腿から動かすようにしましょう」と、誉めるにしても、間違いを指摘するにしても具体的だ。単に「いいですね」とか「だめ、だめ」というように、合格か不合格かだけを伝えるのではない。また、「流れるように足を動

かして」のような抽象的な表現や、「体が沈みすぎないように」のように、小西にとってはどうすればいいのかが分からないような指示も避けるようにした。

こうして、ゆっくりではあるが、小西は一歩一歩確実に標的行動を習得していた。第3段階では息継ぎが、第4段階では腕の動きが、第5段階ではすべての組み合わせが同じように指導され、7セッションが終わった段階で、小西は1000mを泳ぎきれるようになっていた[1]。

もう水は怖くない。自由形で思う存分、泳ぐことができる。

小西はさっそくスキューバダイビングのライセンスを取るための講習会に申し込んだ。来年は南の島でイルカと泳ぐことになるだろう。

■解説■

パフォーマンス・マネジメントで問題を解決するときには、最初に現状のABC分析を行って問題の原因を推定する。問題が**先行条件(A)**や**結果(C)**ではなく**行動(B)**にある場合、すなわち、何をすべきか分かっていて"やる気"もあるのに、実行できない場合、これは標的行動が行動レパートリーとして習得されていないことが原因である。

元水泳選手の南田が手本を示し、何をすべきか言葉で説明しても、小西にとっては、すぐに真似できることではない。水中で脱力したり、足を腿から動かすという行動が、まだレパートリーに入っていないからだ。

このような場合には、新しい行動をレパートリーに組み入れるための訓練が必要になる。ここではそのための手法や技法をいくつか紹介しておこう。

課題分析

小西の究極の目的は"南の島でイルカと泳ぐこと"だったが、これだけだと漠然としていて、すぐに訓練は始められない。最初に標的行動をより具体的に決めなければならない。そのためには課題分析を行う。

課題分析では、最終的な目標課題を達成するために、どんな行動がどんな順序で起こらなければならないかを洗い出していく作業である。たとえば、小西の究極の目的を課題分析すると、次のような、大まかな課題に分けることがで

きる。
（1）水着に着替える
（2）シュノーケルなどの装備をつける
（3）海に飛び込む
（4）立ち泳ぎする（海中に浮かぶ）
（5）イルカのいる方向を向く
（6）泳ぎ出す
（7）イルカを見ながら泳ぐ

　（1）はすでに小西の行動レパートリーにある。（2）も簡単な先行条件（「こうやって下さい」と手本を見せながら促す）によって生じる行動である。だから訓練する必要はない。
　水を恐れるレスポンデントがある小西にとって（3）は克服すべき最初の問題だった。そこで南田は前章で系統的脱感作法を使い、反射子化した水やプールを中性子に戻した。
　（4）から（7）を実現するためには、リラックスした自由形で、できるだけ長い時間泳げるようにした方がいい。そう考えた南田は、遠泳に最適なフォームを、自分が泳いでいるビデオ観察することで分析したのだった。こうして具体的な標的行動のリストができあがった。

シェイピング
　シェイピングは、言葉では説明しにくい行動を教えたり、言葉が理解できない相手に新しい行動を教えたりするのに使われる。障害児教育には欠かせない技法で、発話や靴ひもを結ぶことや歯ブラシで歯を磨くことなど、様々な行動を新しくレパートリーに組み入れるのに使われている。
　新しい行動を身につけるため、すでにレパートリーにある行動の中で標的行動に最も近い行動を強化する。その行動が増えたら、今度はそれを消去する。行動を消去すると、一時的に、消去された行動に似た様々な行動が起きることが知られている。消去によって生じた様々な行動の中から最も標的行動に近いものを選んで、さらに強化する。その行動が増えたら、また消去する。このように強化と消去を繰り返して、次第に標的行動に近い行動を強化していく。

第 7 章　スポーツのマネジメント II

シェイピングという技法の背景には**分化の原理**が働いている。

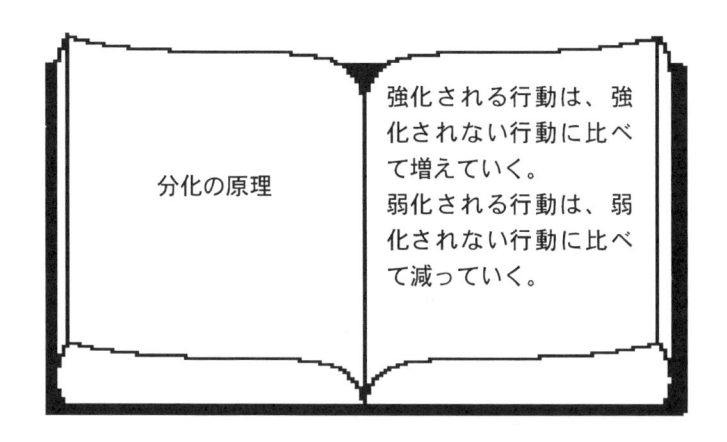

| 分化の原理 | 強化される行動は、強化されない行動に比べて増えていく。
弱化される行動は、弱化されない行動に比べて減っていく。 |

　当たり前だ！　と思われるかもしれないが、何か新しいことを教えようとするときを思い浮かべて欲しい。子どもに算数を教えるとき、後輩にパソコンの使い方を教えるとき、恋人にスキーの滑り方を教えるとき。「そうじゃない！」「違うよ」「さっき言ったこと聞いてなかったの？」などなど。我々がいかに弱化を使いがちか。強化の原理を使うと、何かを教えるのは、ずっと簡単になる。

　分化の原理もシェイピングの技法も、元々は動物を使った基礎研究で見いだされ、開発されたものだ。行動分析学の基礎研究ではハトを被験体に使うことが多い。ハトを実験箱に入れ、箱の側面についたプラスチックの円盤をつつく行動をエサで強化するのだ[2]。

　ところが初めて実験に参加するハトには、円盤をつつくという行動が身についていない。最初は実験箱の中で歩き回ったり、羽をついばんだりしている。そこで、ハトの行動の中で円盤をつつくのに最も近い行動、たとえば円盤の方を見る行動を選んで強化するのだ。するとハトは円盤を頻繁に見るようになる。

　そこで今度は円盤を見ただけではエサを与えないようにする。消去の開始だ。するとハトは円盤を見ながら首を振ったり、回転したり、しゃがんだりと、色々な行動を始める。これが消去によって生じる、様々な行動の出現だ。この中から、円盤をつつくのに一番近い行動、たとえば円盤に向かって近寄る、を強化

する。分化の原理が働いて、強化された行動は増え、それ以外の行動は減っていく。そして、消去と強化を繰り返し、徐々に標的行動に近づけていく。

　南田のプログラムでもシェイピングの技法が使われた。たとえば、最初の課題は"ダルマ浮き"を30秒続けることだったが、小西にとってはせいぜい5秒が限界だ。だからといって誉めずにいたら、どうなるだろう？　分化の原理によって行動は減ってしまう。だから南田は、訓練の初期段階では、5秒でもいいから小西を誉めた。でもそれができるようになると「今度は10秒頑張ってみましょう！」と励まして、10秒できるようになったら誉めるようにした。次は15秒、そして20秒というように、徐々に標的行動に近づけていったのだ。

A：先行条件	B：行動	C：結果
「ダルマ浮きをやってみましょう！」	5秒間ダルマ浮きを続ける 【↓シェイピング】 10秒間ダルマ浮きを続ける 【↓シェイピング】 20秒間ダルマ浮きを続ける 【↓シェイピング】 30秒間ダルマ浮きを続ける	「よくできました」（↑）

モデリング

　モデリングとは見本や手本を示すことだ。南田も小西に新しい課題を与えるときや、助言をするときに、必ず手本を示すようにした。これも当たり前のことのようだが、実際、会社や学校で何かを教えるとき、どれだけの見本や手本を用意しているか思い浮かべて欲しい。「もっと丁寧に挨拶しなさい！」と言いながら、どれだけの人が丁寧な挨拶の手本を示しているだろうか？　「じっくり考えて問題を解きなさい」という数学の先生がどれだけ"じっくり考える"手本を子どもたちに示しているだろうか？

　ちなみにモデリングは、"模倣"という行動レパートリーが身についている相手にしか使えない技法だ。人間以外のほとんどの動物には模倣のレパートリーはない。人間でも何らかの障害によって模倣のレパートリーが発達していない子供や大人もいる。その場合には、シェイピングの技法を使うか、模倣のレパー

トリーそのものの訓練から始めることになる。「ちゃんと手本を見せているのにできない！」と学習者を責めるのは、個人攻撃の罠に陥った証拠だから、要注意。

A：先行条件	B：行動	C：結果
「足首はこうして伸ばして下さいね」 【＋モデリング】 手本	足首を伸ばしてばた足する	「そうです。その調子です」 (↑)

具体的な説明によるフィードバック

言葉で身体や筋肉の動きを具体的に説明すること。長嶋監督流に「そこをびゅっとしてがーんといけばグッドですね」などと曖昧な説明をするのではなく、「左足に重心をのせて左腕を引きながら手首を返す」のように、誰にでも、何をどうすればいいのか分かるように説明することが肝心。このためにはもちろん適切な課題分析が必須になる。南田が第2段階で使ったチェックリストを見直して欲しい。

具体的な説明によるフィードバックは**結果(C)**として使った場合、不適切な行動を弱化し、同時に適切な行動の**先行条件(A)**となるから便利である。

A：先行条件	B：行動	C：結果
「ばた足をしてみましょう」	顔を真下に向けて ばた足する	「頭の頂点を進行方向へ向けて、2ｍ先を見て下さい」 (↓)
「頭の頂点を進行方向へ向けて、2ｍ先を見て下さい」	頭の頂点を 進行方向へ向け、 2ｍ先を見てばた足する	「そうです。その調子！」 (↑)

プロンプトとフェイディング

標的行動が起こりやすいように合図や指示、ヒントを出すのが**プロンプト**である。プロンプトはクイズのヒントのように言語的なものもあれば、鉄棒で逆上がりを補助するように身体的なものもある。

ばた足の練習で、直前にフィードバックしたことが守られていなかったときには、南田は指示棒で、小西の体の一部を軽く触れた。そうすることで適切な行動が現れることを狙ったのだ。

A：先行条件	B：行　動	C：結　果
指示棒が腿にふれる	足を腿から動かす	「そうです」（↑）

標的行動が身につくにつれてプロンプトを次第に出さなくする技法を**フェイディング**という。南田は小西のフォームが安定するのを見計らって、指示棒の使用を徐々に止めていった。子供の頃に使ったひらがなの練習帳を覚えているだろうか？　最初は太い線で書かれた文字の上をなぞるようになっていて、その練習が終わると、次は細い線、次は点線というように、徐々に手掛かりを減らして練習していく。最後には手掛かりなしでひらがなが書けるようになる。あの練習帳はプロンプトとフェイディングの技法を使っているのだ。

A：先行条件	B：行　動	C：結　果
手本と太い線の「あ」 【↓フェイディング】 手本と細い線の「あ」 【↓フェイディング】 手本と点線の「あ」 【↓フェイディング】 手本のみ	「あ」をなぞって書く ↓ 「あ」を書く	手本と同じ字が書ける（↑） 誉められる（↑）

プロンプトは必ずフェイドアウトしなければならないというわけではない。第1章で上澄が森に対して用意したチェックリストなどは、フェイドアウトする必要のないプロンプトである。

練　習

新しい行動をレパートリーに組み入れるためには、何回か練習をして、強化されなくてはならない。具体的に説明して、手本を見せて、数回練習させたからといって新しい行動が身につくとは限らない。場合によっては、何十回、何百回、何千回もの練習が必要になる。ある行動に関して、何回練習すればレパー

トリーに入るのかは、現在の行動分析学でも予測できない。学習者が持っている他の行動レパートリー、好子や嫌子の種類や強さによって、学習の進度には個人差が生じる。だから重要なのは、練習が個人のペースにあわせて進められるようにすること。それから練習回数ではなく、標的行動の達成基準を決めておくことである。

■クイズ■

スポーツに限らず、何か新しいことを学ぼうとするときには、モデリングやシェイピング、プロンプトやフィードバックを駆使してくれるコーチの存在が重要になる。でもコーチがいなければ学習が不可能だというわけではない。自分でコーチの役割を果たすこともできる。この場合、どんな行動レパートリーが必要になるでしょうか？

■注釈■

1) 島宗理, 南隆尚, 岩島彰代 (1997) 成人向け長距離泳訓練プログラムの開発とその評価 鳴門教育大学実技教育研究, 7, 91-96.
2) 百聞は一見にしかず。ハトのシェイピングの様子はコラボレーション・ネットワーク (www.naruto-u.ac.jp/~rcse/) 『自己学習の館：行動分析学の部屋』で見ることができます。

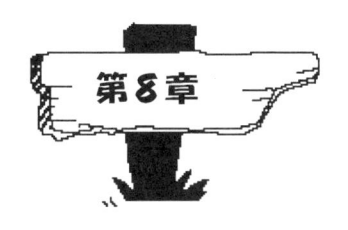

第8章 道徳のマネジメント
誰も見ていないところでも

■問題■

　上澄良樹の父、達男が入院した。交通事故に遭ったのだ。幸いにも大事には至らなかったが、左足を骨折。ギプスをつけ全治3ヶ月と診断された。

　上澄の実家は下町の魚屋だ。達男は今でもバリバリの現役で、毎朝築地へ仕入れにでかける。事故の後も、息子たちの反対を押し切り、達男は店を開けると言い張った。ギプスをつけたまま運転するというのだ。

　そんな元気のよい父だったが、病院から帰ってくるたびに機嫌が悪い。夕食のときにも、ムスッと黙ったままだ。

良樹「どうしたの、父さん？　ここのところ、病院から帰ってくるたびに元気がないようだけど。医者に何か言われた？」
達男「何でもねぇ」
良樹「何でもないって顔じゃないよ。ねぇ、母さん」

　どうやら母の俊子は事情を知っているらしい。困ったような表情で達男の顔をうかがった。それでも無言でご飯を食べ続ける達男を見て諦めたのか、渋々話し始めた。

俊子「病院の駐車場に車椅子のマークがついたところがあるでしょう？」
良樹「うん。身体障害者用の駐車スペースだろう」
俊子「あれがね。全然空いていないのよ」
良樹「一杯なんだ」
俊子「それがね、どうもフツーの人たちが停めてるらしくてね....」　相変わらず達男の顔色をうかがいながら俊子は話を続ける。この件に関して達男が相当怒っているということが良樹にも分かってきた。「この人はこういう人だから、車椅子のマークの所なんかに停めやしないのよ。『俺は

いい。歩くから』って言って。だけど、外科にきている他の患者さんたちの話では、ひどいらしいの」

達男が腹を立てているのは、どうやら病院の身体障害者用駐車スペースへの違法駐車についてらしい。父の具合が悪いわけではないと知って安心した良樹は、つい笑い出してしまった。そう言えば、達男はこうした公衆道徳にひどく敏感だ。信号待ちで前に止まった車から吸い殻が捨てられたのを見て、わざわざ自分の車を降りて文句を言いにいくなんてことは日常茶飯事だ。

達男「笑い事ではない」　まだ笑っている良樹を一瞥し、達男がボソッと言った「俺は悲しいよ」。

確かに良樹にも最近は『あれ？』と思うことがある。電車のシルバーシートで寝たふりをしてる茶髪の若者、道路でタバコをポイ捨てする中年男性、子どもがスーパーの棚を荒らしても謝りもせず出ていく主婦。老若男女を問わず、日本人の道徳観・倫理観というものが失われてきているのだろうか？　だったらそれは確かに悲しいことだ。と、達男に同感して、ハッとした。「日本人の道徳観が失われている」なんて、巨大な個人攻撃の罠じゃないか？　違法駐車も、ポイ捨ても、電車で席を譲るのも、子どもが乱した棚を元通りにするのも行動だ。行動の問題ならパフォーマンス・マネジメントで解決できるに違いない。

誰も見ていないところでも

第8章 道徳のマネジメント

■**解決策**■

　道徳の問題に興味を持った上澄は、さっそくこの手の問題がパフォーマンス・マネジメントで解決されているかどうか調べてみた。とは言っても、上澄がしたのは平野への一本の電話だ。平野はすぐに、第3章で登場した小野成子さんがまとめたという資料を送ってくれた。持つべきは教えたがりの友人だ。

　表紙に『**コミュニティ行動分析学**』という題目がつけられたその資料には、*Journal of Applied Behavior Analysis* という応用行動分析学の研究雑誌から論文が抜粋され、日本語でまとめられていた。すべて、地域社会の様々な問題をパフォーマンス・マネジメントを使って解決しようとした事例である。英語に自信のない上澄にはうってつけだ。

　中でも、コープとオールレッドとモーゼルによる論文[1]は、達男の不満を解消するのに役立ちそうだった。彼らは、障害者用スペースへの違法駐車を減らすために、いくつかの方法を試みた。一つは、そこが障害者用スペースであるということを示す掲示を大きく、目立つようにしたこと。これで違法駐車は70％くらいにまで減少した。もう一つ、彼らは別の看板を用意し、そこに「違法駐車を見張っています」という趣旨の忠告を表示した。これで違法駐車は30％以下にまで減少した。

　クラークとバーゲスとヘンディは、週末、森林公園に遊びにきている親子連れに、空き缶やゴミを拾ってもらうために賞品を用意した[2]。空き缶やゴミを拾ってきた子どもには、かっこいいレンジャーシールをあげることにしたのだ。シールなしではほとんど拾われなかったゴミが、このキャンペーン中はほとんど回収された。

　ウイットナーとゲラーは大学の学生寮で、紙のリサイクルを推進するのにパフォーマンス・マネジメントを使った[3]。最初「地球の環境を守ろう！」という掛け声で始められた古紙の回収だったが、回収率は一向に上がらなかった。そこで彼らは賞品を用意し、古紙を集めてきた学生の中から抽選で賞品が当たるようにした。回収率はすぐさま向上した。

　資料を読みながら上澄は考えた。ＡＢＣ分析で考えれば、すべて納得のいく事例である。

　違法駐車の場合は、建物に早く楽に入れることがおそらく好子になって、強

化の原理が働いている。障害者用の駐車スペースは、常に玄関の近くにあるし、空いていることも多いからだ。

A：先行条件	B：行動	C：結果
急いでいるとき	違法駐車する	早く楽に建物に入れる（↑）

　障害者用のスペースであることを示す掲示は、そこに違法駐車すると注意される可能性がある。つまりこれは弱化の行動随伴性の先行条件だ。だから障害者用スペースの掲示を大きく、見やすくすれば、少しは効果があるに違いない。

A：先行条件	B：行動	C：結果
障害者用スペースの掲示	違法駐車する	注意される（↓）

　ところが、実際には誰も取り締まっていないことが多いから、注意されることはほとんどない。したがって、復帰の原理（第2章）が働いて、違法駐車は完全にはなくならない。本当は、取り締まりに力を入れ、違法駐車はほとんど必ず注意され、弱化されるようにすればいいのだろうが、たいていはそれほどの人手もお金もかけられない。

　「これはスピード違反の取り締まりと一緒だ」上澄はそう思った。スピード違反のたびに検挙しようとしたら、すべての道路に100ｍおきに警察官を配置しなくてはならない。そんなことをしたら国民の半分が警察官になってしまう。そうはいかないから、警察官やパトカーのダミーを使う。それも様々な形のダミーをできるだけ色々な場所で使うことで、復帰の原理や弁別の原理が働くのを防ぐのだ。「違法駐車を見張っています」という掲示を使うのは、このためだ。

　いくら頭で「自然を守ろう！」と思っていても、週末に家族で遊びにいっているときくらいゴミ拾いはしたくない。手が汚れるし、のんびりできないからだ。弱化の原理が働いている。これを道徳観が低下していると責めだしたら、個人攻撃の罠にはまった証拠だ。

A：先行条件	B：行動	C：結果
公園で	空き缶を拾う	手が汚れる（↓） のんびりできない（↓）

　キャンペーンでレンジャーシールを好子として使うことで、普段は弱化の行動随伴性に強化の行動随伴性を足したわけだ。

A：先行条件	B：行動	C：結果
公園で	空き缶を拾う	レンジャーシール（↑）

　紙のリサイクルも同じだ。上澄は、常々、『意識改革』という言葉に疑念を持ち続けていた。古紙を出さなかったり、ゴミを分別しないのは、地球や自然が大切だと意識していないからではない。地球や自然は大切だと、ほとんどの人がそう考えている。問題の原因が"意識"にあるなら、とっくの昔に解決できていないとおかしい。解決が難しい問題の原因は、たいてい行動随伴性にあるのだ。意識にではない。望ましくない行動が強化されていたり、望ましい行動が弱化されているのが問題なのだ。そこを改善しない限り、問題は解決しない。

　道徳の問題について、個人攻撃の罠にとらわれない解決方法を見つけた良樹は、これで父も無力感から解放されるだろうと信じて話をした。日本人の道徳観の低下を責めることはないんだ、問題を解決しようとすれば、行動随伴性を改善すればいいのだからと。

　良樹の話をじっと聞いていた達男だったが、話が終わると大きく溜息をついて言った。
達男「良樹、お前はそれで本当に問題が解決すると思うのか？　注意されそうだから違法駐車しないとか、ご褒美がもらえるから空き缶を拾うとか、情けないとは思わないのか？　人の心とはそんなもんじゃない。誰が見てなくても、何ももらえなくても、自然と行動してしまうのが道徳って

もんだろ」
良樹「………」

　さて、読者の皆さんは、どうお考えになりますか？

■解説■
　上澄達男の意見には一理ある。誰が見てなくても、何ももらえなくても、自然と行動してしまう人を、我々は道徳的な人とみなす。
　達男は、足を骨折してギプスをつけていても玄関から離れた駐車スペースに車を止める。良樹も、シルバーシートに座っていなくても、電車の中でご老人を見れば席を譲る。こうした道徳的な行動は、一見何の代償もなく生じているように思われる。が、果たしてそうだろうか？
　好子や嫌子は目に見える物に限られない。達男の親切をＡＢＣ分析してみよう。自分が遠くへ車を停めることで、他の、自分よりも体の具合の悪い人が玄関に近い駐車スペースを使えるようになる。このことが好子として達男の行動を強化していると考えられる。

Ａ：先行条件	Ｂ：行動	Ｃ：結果
病院で	遠くに駐車する	他の人が助かる（↑）

　あるいは逆に、達男にとって障害者用スペースに駐車することは、他の、自分より具合の悪い人を余計に歩かせてしまうという罪悪感をもたらすのかもしれない。これが嫌子として行動を弱化しているのかもしれない。

Ａ：先行条件	Ｂ：行動	Ｃ：結果
病院で	障害者用スペースに駐車する	他の人に迷惑（↓）

　良樹が電車で老人に席を譲るのも、同じように分析できる。

第8章 道徳のマネジメント

A：先行条件	B：行　動	C：結　果
電車で老人が立っているのを見て	席を譲る	老人が助かる（↑）

　つまり、達男の嘆きは、「人を助けることはそもそも好子になっているはず」、「人に迷惑をかけることはそもそも嫌子になっているはず」という前提から生まれている落胆だと考えられる。
　確かに、違法駐車の摘発を予告するような掲示や、ゴミ拾いや古紙回収に対する賞品がなくても、こうした道徳的な好子や嫌子だけで我々の行動が引き起こされるなら、こんなに素晴らしいことはない。しかし、現実はときにして直視するのも辛いくらいに厳しいものなのだ。

　達男の理想とする社会を実現するにはどうすればいいか、パフォーマンス・マネジメント的な解決策を考えることはもちろんできる。違法駐車する人、ポイ捨てする人、シルバーシートで狸寝入りする人たちにとっては、彼らの過去の行動随伴性によって、人の役に立つことがまだ十分に好子になっていないし、人に迷惑をかけることがまだ十分に嫌子になっていないのかもしれない。
　好子や嫌子は派生の原理によって広がっていく[4]。達男や良樹は、おそらく幼い頃に、家庭や地域で十分な"しつけ"を受けたに違いない。たとえば、家族で親戚の家へ遊びにいったとき、叔父の仕事を邪魔して母親にこっぴどく叱られたことが何回もあったかもしれない。「人に迷惑をかけちゃいけません」と言われながら。弱化の原理によって、人の仕事を邪魔するという行動が減ると同時に、派生の原理によって、「人に迷惑をかける」ということが嫌子化する。

A：先行条件	B：行　動	C：結　果
親戚の家で	叔父の仕事の邪魔をして	叱られる（↓） ［↓派生］ 「人に迷惑をかけちゃいけません」

砂場で遊んでいて、近所の子どもがお山を作るのを、母親から「手伝ってあげたら」と言われ、シャベルを貸してあげたときに、「親切ね。えらいわよ」と誉められたかもしれない。

A：先行条件	B：行　動	C：結　果
「手伝ってあげたら？」	シャベルを貸す	誉められる（↑） ［↓派生］ 「親切ね。えらいわよ」

　強化の原理によって友達に協力する行動が増える一方、派生の原理によって「人に親切にする」ということが好子化したのかもしれない。
　こうした何千回、何万回にもわたる過去の強化や弱化によって、道徳的な行動レパートリーが獲得され、また道徳的な好子や嫌子が身についていくと考えられる。だから、もしそれを改善しようというなら、家庭や地域での"しつけ"を見直さなくてはならない。親や教育者としての地域住民のパフォーマンス・マネジメントが、本来なら望まれる。読者の皆さんも、ぜひ今日から、自分の子どもや近所の子どもの行動随伴性を見直して下さい。
　ところが、こうした草の根運動には時間がかかる。誰が責任を持ってパフォーマンス・マネジメントを進めるかもはっきりしない。だから、駐車場の管理責任者である病院や、交通安全を維持する警察や、公園の管理をしている自治体にできることは、とりあえず今すぐ使える好子や嫌子を駆使して、行動随伴性を整備することなのだ。

■クイズ■

　骨折してギプスをしているのにもかかわらず、障害者用駐車スペースに車を停めず、わざわざ歩く達男の行動をＡＢＣ分析しましょう。障害者用駐車スペースに車を停めれば、歩く距離が短くなって楽だというのは達男の場合も同じです。まして、ギプスをしているんだから違法駐車ではありません。見つかって怒られるという嫌子出現の不安もありません（弱化からの復帰）。さて、それではどんな道徳的な嫌子が達男の駐車行動を弱化しているのでしょうか？

第8章 道徳のマネジメント　　　　77

A：先行条件	B：行　動	C：結　果
病院にいくとき	障害者用駐車スペースに停める	早く楽に建物に入れる（↑） 怒られる不安なし（↑）
		？

■注釈■

1) Cope, J. G., Allred, L. J., & Morsell, J. M. （1991） Signs as deterrents of illegal parking in spaces designated for individuals with physical disabilities. *Journal of Applied Behavior Analysis*, 24, 59-63.

2) Clark, R. N., Burgess, R. L., & Hendee, J. C. （1972） The development of anti-litter behavior in a forest campground. *Journal of Applied Behavior Analysis*, 5, 1-5.

3) Witmer, J. F., & Geller, E. S. （1976） Facilitating paper recycling: Effects of prompts, raffles, and contests. *Journal of Applied Behavior Analysis*, 9, 315-322.

4) 遺伝によって最初から好子としてはたらくものを**生得性好子**、派生の原理によって好子としてはたらくようになったものを**習得性好子**と呼んでいる。嫌子も同様に区別できる。

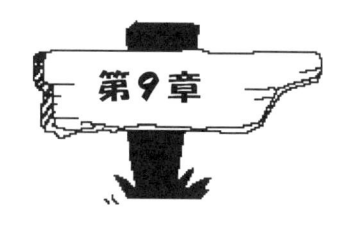

第9章　病院のマネジメント
院内感染を防ぐ

■問題■

　父、達男のギプスがとれる日、上澄は母と一緒に付き添いで、高島病院まで出かけた。整形外科の田中悦郎先生には、昔から家族そろってお世話になっている。良樹が、小学校の運動会の騎馬戦で落馬し、生まれて初めて骨折したときも、中学生のときに野球部の練習で足をくじいたときも、就職して2年目にギックリ腰をやったときも、いつもいつも田中先生が診てくれた。

　無事、達男のギプスがとれ、リハビリについての説明も終わると、その田中先生が神妙な表情で良樹を昼食に誘った。どうやら、このことは父も母も承知らしい。私たちは先に帰るからと、良樹を残して帰宅した。

　近くの喫茶店でハンバーグ定食を食べながら、最初は昔話に興じていた二人だったが、食後の珈琲が出てくると、田中先生は再び神妙な顔になった。

田中「実は、お父上からうかがったんだ。うちの病院の駐車場についてね」

上澄「あぁ、そのことですか。父が先生に文句を言ったんですね。お恥ずかしい」

田中「いや、違う。確かにお父上はご立腹でいらっしゃったが......　それは僕も同感だ。何とかしなくちゃいけないと思う。でも今日君に話を聞きたかったのは駐車場の問題じゃないんだ」

上澄「と、言いますと？」

田中「君は、会社でパフォーマンス・マネジメントとかいうのをやってるらしいね？」　そんなことまで喋ったのか、と内心、父親のことを恨めしく思いながらも上澄は答えた。

上澄「はい。素人のまねごとですけど」

田中「そんなことはないだろう。お父上は君の成長ぶりを誇らしく思っていらしたよ。僕だって、子どもの頃から知ってる君が活躍しているのを聞く

のは嬉しいし」
上澄「そうですか、ありがとうございます」　何だか、お尻の穴がかゆくなるくらい恥ずかしい上澄だったが、ここは大人らしく、平静さを保つように努力した。
田中「実は、うちの病院に、行動医学研究会というのがあるんだが、今年からその座長をやることになってしまってね。医局ごとの持ち回りで、最初は仕方なしに引き受けたんだが、これが勉強してみるとなかなか面白い」
上澄「行動医学、ですか？」
田中「我々医者も、医学の力だけで患者を治すのには限界があることは分かっている。とは言っても、僕は東洋医学とか、宗教のことを考えているわけじゃないよ。でも、たとえば、腰痛を訴えてやってくる患者さんに適度なストレッチや腹筋などの運動を毎日するように言っても、彼らがその通りにするとは限らない。薬を出しても処方通りに飲んでくるとは限らない。これらはまさに行動の問題なんだ」
上澄「なるほど確かにそうですね」
田中「行動医学の中には、君がやっているというパフォーマンス・マネジメントと同じような方法で、医療の現場における行動の問題が扱われているみたいなんだ」
上澄「それは存じませんでした。でもパフォーマンス・マネジメントの土台になっている行動分析学は、教育や臨床、地域や産業の問題など、ほんとに色々な問題の解決に取り組んでいるようですから、不思議ではありませんね」
田中「そこで相談なんだが、少し知恵を貸してくれないか？　今、研究会では、院内感染の予防が課題になっていて、これにパフォーマンス・マネジメントを使ってみたいんだ」

　それから午後の診察が始まるぎりぎりの時間まで、田中先生と上澄は珈琲を二杯もおかわりして話し続けた。上澄は院内感染を防ぐために医者や看護婦が何をすべきなのか、具体的な行動について質問した。田中先生は、一つ一つの対策について詳しく説明してくれた。次に上澄はそうした行動の中で、現在あまり行われていないもの、そして行動しないと感染の危険が高くなるものはど

第9章 病院のマネジメント　　　81

れか質問した。
田中「色々考えられるけど、手術室での手袋の着用かな。オペの最中、手術室
　　には血があちこち散らばる。エイズ問題が表面化した頃から手袋の着用
　　が義務づけられたけど、手術、特に急患で一分一秒を争う場合には、み
　　んな大忙しだ。患者の生命がかかっているから、ついつい手袋を忘れて
　　しまうこともあるらしい」
上澄「そうでしょうね。でもそのせいで医者や看護婦にＨＩＶが感染するリス
　　クが高くなるというのは問題ですね」

■解決策■

　家に帰った上澄は、田中先生から受けた相談を両親に報告した。達男は黙っ
て聞いているだけで何も言わなかったが、内心は嬉しいに違いない。これも親
孝行だ。さっそく自分の部屋に戻り、最近購入したiMacのスイッチを入れた。
インターネットで、先日、平野に教わった Journal of Applied Behavior Analysis の
ホームページを見にいく[1]。
　このホームページでは過去に出版された行動分析学の文献をキーワードで調
べることができる。上澄は、辞書を片手に、苦手な英語に奮闘しながら、
"AIDS prevention"（エイズ予防）というキーワードを入力してみた。すると、
デブリーズとバーネットとレドモンの論文が見つかった[2]。でも、上澄にで
きるのはここまで。さっそく平野に電話して、説明してもらうことにした。

田中「すると我々のすべきことは、オペ中に手術室にいた看護婦や医者のうち、
　　手袋をしていた人の数を数えるだけなんだね。破れたり、めくれたりし
　　た手袋は除外して」
上澄「そうです。そしてその数をグラフにして、手術室か、ナースステーショ
　　ンにでも張り出し、婦長さんから発表してもらえばいいと思います」
田中「それがパフォーマンス・フィードバックという技法か。でもこの論文に
　　よると、フィードバックを始める前に、まずベースラインを取っている
　　ようだけど」　さすが田中先生、平野からもらってきた論文のコピーを
　　いとも簡単に斜め読みしてしまった。

上澄「そうですね。問題を解決するだけじゃなくて、研究として、フィードバックが本当に効果的かどうかを検証するためには、事前のデータをとらなければならないようです」
田中「なるほど、フムフム」

　翌月、病院の研究会で上澄の資料を元にパフォーマンス・フィードバックについて説明した田中先生は、自ら音頭をとって、手術室での手袋の着用率を向上するプロジェクトを開始した。とは言っても、実は田中先生、事前に手術室にスパイを潜入させて、フィードバックを開始する前の着用率を調べていた。それによると個人差はあるものの、看護婦の手袋の着用率は30〜40％と低かった。それがパフォーマンス・フィードバックを導入すると、着用率が85％以上に上昇した。パフォーマンス・マネジメントが成功したのだ。

■解説■

　パフォーマンス・マネジメントの土台になっているのは、B. F. スキナー（1904-1990）によって始められた行動分析学という心理学である。スキナーは行動主義の心理学者として知られている。一般にはワトソンの行動主義と混同されていて、意識や感情などは客観的に測定できないから研究対象としないと勘違いされているが、これは誤り。スキナーの考え方は、意識や感情など、客観的には測定が困難な心理現象をも行動として分析する、**徹底的行動主義**である。徹底的行動主義では、心理学の対象は行動だが、その行動には死人にはできないすべての活動を含むとする。したがって思考や意識、感情や理解といった一見行動ではないようなものも研究の対象とするのだ。

　行動分析学は、行動の予測と制御を可能にする法則を見いだそうとする行動科学の一つだ。このために実験によって行動と環境の機能的関係を分析する。**先行条件(A)**や**結果(C)**などの環境を操作することによる**行動(B)**の変化を測定し両者の因果関係を見いだすのが一般的な研究方法だ。インターネットで上澄が見つけたデブリーズらの研究も、着用率の掲示という環境操作で、看護婦の手袋着用行動が増加するという因果関係を、問題が生じている現場で検証した実

験であった。行動分析学の目的は、行動を増やしたり減らしたりする原因を環境の中に見いだすことにあるのだ。それによって人間や動物を理解し、社会の役に立とうとしているのである。

　行動分析学の研究は、実験室の統制された環境下で、ハトやネズミなどの行動を研究することから始められた。強化の原理、弱化の原理、消去の原理、弁別の原理、派生の原理など、これまで紹介してきた行動の法則は、すべて何百もの動物実験の結果、明らかにされたものである。そして行動の法則は、すぐに人間も含めた他の動物でも確認されていった。今でも基礎的な実験は続けられていて、こうした研究は**実験的行動分析学**と呼ばれている。

　実験室で見いだされ、様々な種の動物の様々な行動で確認された行動の法則は、やがて実験室外の、社会的な場面で応用されるようになった。これが**応用行動分析学**である。応用行動分析学は特に障害児教育で成功し「行動修正」として社会に受け入れられるようになった。さらには交通安全やゴミ問題、学校教育、消費者行動、スポーツ、行動医学など、様々な分野へと広がり、行動の法則が人間行動一般に広く適応可能であり、しかも問題解決に有効であることが証明されてきた。

　応用行動分析学は社会の様々な問題解決に適用されてきたが、中でも企業や組織の問題解決に取り組んでいるのが**組織行動マネジメント**だ。1977年に雑誌 *Journal of Organizational Behavior Management* が創刊されて以来、企業や組織の様々な問題を取り上げた研究が発表されてきた。80年から90年にかけて発表された論文の一部をとってみても、セールスの向上、アスレチッククラブの会員数増加、病院スタッフの勤怠管理、介護施設で働くスタッフのマネジメント、ショッピングストアーでの万引きの防止、銀行の窓口サービスの向上、工場での事故防止、自動車工場での生産性の向上、デパートでの接客行動の向上、官公庁での行動マネジメント、大学教務の生産性向上、工場での機械のセットアップ時間の短縮など、様々な組織における様々な行動を対象として研究が行われてきたことがわかる[3]。

　パフォーマンス・マネジメントという言葉は、一般には、組織行動マネジメントの研究を活かした実践活動を指して使われる。実は、ビジネスに行動分析

学が応用され、実践されたのは、組織行動マネジメントの研究が活性化する以前のことだった。エマリー・エア・フライトという航空会社が強化の原理を使ったプログラムを導入した事例が最初であると言われている[4]。その後、行動分析学を学んだ人々がコンサルタントとして次々に事業を展開するにつれ、AT&T、General Motors、B.F. Goodrich、General Electric、Weyerhauser、IBM、Proctor and Gamble、Ford Motor Companyなど大手企業が行動分析学を用いたプログラムを採用してきた。これがパフォーマンス・マネジメントのはしりである。

　組織行動マネジメントとパフォーマンス・マネジメントの関係は、医学と臨床の関係に似ているかも知れない。医者は患者に対する臨床（実践）で、医学（研究）で効能が実証された薬や治療法を使う。もちろん医者は治療経過などの記録を取るから、薬や治療法の効果を確認しているとはいえるが、研究を行っているわけではない。同じように、問題解決にパフォーマンス・マネジメントを使うときには（実践）、応用行動分析学や組織行動マネジメント（研究）で実証された手法を使う。もちろん、こうした手法の効果を確認するためにパフォーマンスのデータは測定する。しかし"研究"として認められるのに必要な、実験条件の統制などはほとんど行われない。パフォーマンス・マネジメントは、実験的行動分析学、応用行動分析学、組織行動マネジメントという行動科学が積み重ねてきた知見を使った、問題解決の実践としてとらえられるだろう。

　医学の世界では研究と実践が密接に関連している。新しい薬品や治療法は、研究でその効果と安全性が実証されない限り、決して実用化されない。本来、行動の科学でもこれが当てはまってしかるべきである。ところが、学校教育も、公共のサービスも、犯罪防止も、地域社会の様々な問題への対処は、ほとんどが勘や直感や経験に頼って行われてきた。こうした方法はうまくいくこともあれば、失敗することもある。問題は、何が原因で成功あるいは失敗したかが永久に明らかにされないことだ。したがって、成功や失敗の積み重ねによって問題解決のための方法を改善していくことができない。

　化学や生物学などの基礎科学が未発達で医学もまだ確立されていなかった頃には、呪術や経験にもとづいた処置が許されていた。他に方法がなかったのだから仕方がない。しかし、現在では医者の免許がなければ治療できない。そして実証的データにもとづいて安全で効果があると確認された治療法しか認めら

第9章 病院のマネジメント

れていない。

　医学はそうかもしれないが、行動の科学は化学や生物学のように発達していないし役に立たないと主張する人は、ぜひ行動分析学の文献にあたって欲しい。もちろん、人間という複雑な対象を相手にする科学だから完璧というわけにはいかないが、現代の行動分析学は非常に進んでいる。勘や経験に頼るよりは、はるかに安全で効果的で信頼できると分かるはずだ。

■クイズ■

　高島病院の看護婦さんたちは、AIDS感染の危険を知りながらどうして手袋の着用を怠っていたのでしょうか？　「めんどうくさがりだから」というのは個人攻撃の罠にはまった発言です。手術室でオペ中に手袋が破れたことを想定して、ＡＢＣ分析してみましょう。新しい手袋をつける行動の行動随伴性はどうなっていたか、着用率の掲示とアナウンスによって行動随伴性にどんな変化が生まれたか、考えてみて下さい。

パフォーマンス・マネジメント導入前の行動随伴性

Ａ：先行条件	Ｂ：行　動	Ｃ：結　果
手術中、手袋が破れる	新しい手袋に換える	？

パフォーマンス・マネジメント導入後の行動随伴性

Ａ：先行条件	Ｂ：行　動	Ｃ：結　果
手術中、手袋が破れる	新しい手袋に換える	？

■注釈■

1) http://www.envmed.rochester.edu/wwwrap/behavior/jaba/jabahome.htm
2) DeVries, J. E., Burnette, M. M., & Redmon, W. K. （1991）　Aids prevention: Improving nurses' compliance with glove wearing through performance feedback. *Journal of Applied Behavior Analysis*, 24, 705-711.

3) 島宗　理　(1999)　組織行動マネジメントの歴史と現状とこれからの課題　行動分析学研究, 14, 2-12.
4) Feeney, E. J., Disckinson, A. M., & O'Brien, R. M. (1982) Increased productivity in man-paced and machined-paced performance. In R. O'Brien, A. Dickinson, & M. Rosow (Eds.), Industrial behavior modification: A management handbook. New York: Pergamon Press. pp. 65-76.

第10章 品質のマネジメント

行動は一瞬、
パフォーマンスは永遠に

■問題■

「こりゃひどい！」
　上澄良樹は机の上に広げたコンピュータのプログラムを前に大きくため息をついた。

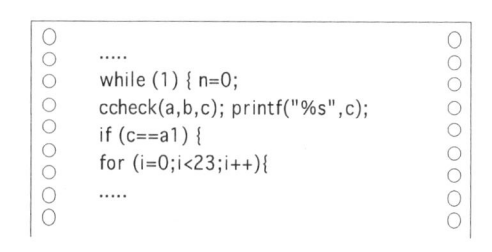

```
.....
while (1) { n=0;
ccheck(a,b,c); printf("%s",c);
if (c==a1) {
for (i=0;i<23;i++){
.....
```

　大洋工業情報システム開発部の吉永智は、第6・7章に登場した小西紀子と共に上澄の同期にあたる。スポーツマンで、社のテニスチーム大洋グリーンのキャプテンでもある。今でも時々、三人で週末に飲みにいくほど仲がいい。
　その吉永が、交通事故で長期療養となった前任の寺田に代わり、社内の経理システム開発チームのリーダーに抜擢された。開発部は社内でも花形であり、そこでチームリーダーに選ばれるのは名誉なことである。同期としても鼻が高い。上澄も自分のことのように喜んでいた。
　ところが、いざふたを開けてみると、プロジェクトは暗礁に乗り上げている状態であることが判明した。開発チームの五人のメンバーのうち三人は予定通り開発を進めていた。困ったのは残りの二人。プロジェクト開始からすでに1ヶ月が過ぎようとしているのに、まだ最初のプログラムのテストが終っていない。テストをしていると次から次へとプログラムの間違いが発見され、一つの間違いを解決するのにも時間がかかりすぎていた。

パフォーマンス・マネジメントの成功を聞かされていた吉永は、同期のよしみで上澄に相談を持ちかけたのだ。

上澄「これじゃ、プログラムの流れが追えないじゃないか。ループ（プログラムの反復処理）は行下げがされていなく極端に読みにくい。変数名はほとんどがアルファベット一文字で定義され、何を意味するのかまったくわからない。このままじゃ、まずいことになるぞ」

吉永「分かっているよ。だから相談しているんじゃないか。リーダーを任されたのは嬉しかったけど、これは自分にとっては試験みたいなもんだ。プロジェクトがうまくいかなかったら、僕の評価が下がるんだから」　吉永はずいぶん参ってしまっているらしく、顔色もよくない。

上澄「そもそも前任者の寺田さんは、どんな指示をしてたんだろう？　プログラムを作るときの約束事なんかは決めてなかったの？」

吉永「それなんだよ。君もよく知ってると思うけど、コーディング規定というのがある。一種のマニュアルだよね。その約束事を守ってプログラムを作ってくれさえすれば、たとえうまく動作しなくても間違いを探しやすいし、直しやすい」

上澄「マニュアルはあるの？」

吉永「あるんだ、ちゃんと。でも『めんどうくさいから』って言ってる。特に問題の二人はね。あいつらやる気がないんだよ」　毎度おなじみ、個人攻撃の罠だ。

　上澄は吉永と一緒に、パフォーマンス・マネジメントでプロジェクトを成功させるための作戦を考えることにした。

■解決策■

　上澄は、まず、マニュアルが分かりやすいものかどうか確認するため、マニュアルを見ながら短いプログラムを書かせてみるように、吉永に助言した。半信半疑で試してみると、チーム全員がマニュアル通りにプログラムを作成したので吉永は驚いた。問題の原因は**先行条件(A)**にはなかったのだ。プログラムの作り方が分かりやすく説明されていなかったわけではなかった。問題の原因は**行**

動(B)にもない。やればできるのだから。ということは、原因はおそらく**結果**(C)にある。マニュアルに従う行動を動機づける行動随伴性が欠如しているのだ。

　吉永は、プログラムの一つ一つがマニュアルにそって書かれているかどうかを調べるチェックリストを作って、品質得点をつけ始めた。しかし、二人の問題児の品質得点は20～30％と低いままだった。

　そこで翌週から、吉永は採点したチェックリストをメンバーに返すようにした。このとき、上澄からは二つの助言があった。得点が低くても文句や嫌みを言わないこと。そして高得点がでたら誉めることである。メンバーは最初不審気にチェックリストを眺めて、吉永を不安にさせた。ところが、翌日から、メンバー全員がほとんど完璧にコーディング規定に従ってプログラムを組むようになったのだ[1]。二人の問題児も含めて。

```
                品質検査リスト

作成者： 井沢　香奈　　総合評価：25(C)

(1) 行下げしてあったループの割合：20％
(2) 注釈のある割合：8％
(3) 行下げしてあった条件分岐の割合：15％
(4) 4文字以上の意味のある変数の割合：40％
```

　問題児二人の作るプログラムには相変わらず間違いが多かったが、プログラムが分かりやすく書かれるようになったため、吉永や他のメンバーが協力しやすくなった。吉永は徐々に品質検査の回数を減らしていった。最初はすべてのプログラムに得点をつけていたのを、2本に1本、5本に1本、10本に1本、というように。そして品質検査するプログラムはできるだけランダムに選ぶようにした。どのプログラムが検査されるか予測ができないように。それでも品質得点が低下するということはなかった。

　パフォーマンス・マネジメントは成功した。吉永は、小西も誘って、上澄に夕食をご馳走した。友人を助けることができ、かつ美味しい食事にありつけて

上澄は幸せである。

■解説■

　そもそもパフォーマンスとは何だろう？　"ストリート・パフォーマンス"のような"芸"？　"政治家のパフォーマンス"のような"素振り"？　それとも"このパソコンのパフォーマンスは高い"と言うときの"性能"という意味だろうか？
　ここまで読み進めてきた読者の皆さんなら、本書で使っている"パフォーマンス"という言葉が、上のどれにも当てはまらないとお分かりだろう。それではパフォーマンスとは一体何か？

　本書で**パフォーマンス**と言っているのは**行動の成果**である。**達成**と言ってもいいかもしれない。
　ワープロでページ書式を設定するのは行動。その成果は、余白などが指定通りに印刷された書類である（第１章）。パソコンで経理の書類を処理するのは行動。その成果は、処理の終わったファイルや伝票だ（第２章）。マスクをつけたり、工具を片づけるのは行動。顔にマスクがついている状態、工具がきちんと片づけられている状態は成果である（第３章）。適切なフォームで泳ぐのは行動。その成果は1000m連続で泳げたことである（第７章）。障害者用スペースに駐車するのは行動、その成果は障害者用スペースに停められた車である（第８章）。他にも、顧客を回ったり契約の交渉をするのは行動で、その成果は契約だし、新入社員の教育でセミナーを開いたり講義をするのは行動で、参加者が教えられた知識や技能を身につけることは成果になる。

行　動		パフォーマンス
ワープロで書式を指定する	→	正しい書式の書類
書類を処理する	→	処理済みの伝票
工具を片づける	→	工具が片づいている状態

第10章 品質のマネジメント

　個人の問題でも、組織の問題でも、社会の問題でも、問題をパフォーマンスとして捉えるのと、最初から行動として捉えるのとでは、解決策の選択の幅が違ってくる。たとえば、伝票の処理の生産性を向上しようとする場合、担当者ができるだけ速く書類を処理するように強化するのは解決策の一つでしかない。もしかしたら担当者を増やすことが解決策になるかもしれない。あるいは、伝票を処理するコンピュータが古くてスピードが遅く、不便になっているのかもしれない。それならばコンピュータを買い換え、新しいソフトウエアを入れるのが解決策になるかもしれない。障害者用スペースに違法駐車が多くて、本当に必要な人が駐車できないのが問題なら、障害者用スペースを増やすことで問題が解決できるかもしれない。

　この章で、吉永が抱えていた問題も、パフォーマンスの問題として捉えれば、解決策は他にも考えられたはずだ。もしかしたら、問題児二人にプログラムを作らせることはあきらめ、チームで必要な他の作業で、彼らができることを任せればよかったのかもしれない。もっと問題が大きくなって、プロジェクトの失敗が吉永の個人的な評価だけではなく、会社全体の損失にもつながるようであれば、しかるべき方法で、一時的にも他のチームに応援を頼んでもよかったかもしれない。

　副題にあるように、本書は「問題解決のための行動分析学」の本である。パフォーマンスの問題を、主に行動の問題として捉えて、解決策を考えるのはそのためである。でも、読者の皆さんが実際に何か問題を解決しようとするときには、次の指針をお忘れなく。

指　針

パフォーマンスに問題があるとき、原因が行動にあると、最初から決めつけないこと。

パフォーマンスの問題を行動の改善によって解決する場合、注意すべきことがある。標的行動としてパフォーマンスの向上につながる行動を選ぶことである。当たり前のようだが、ここで間違いを起こすことが意外に多い。たとえば、行動のみに注目すると"遅刻"は「悪い」行動として認識されるかもしれない。しかし、遅刻そのものは問題にならないこともある。フレックス制導入にも見られるように、本質的に重要なのは"遅刻"をなくすことではない。満足のいく顧客サービスが提供できるのなら、社員全員が一斉に出社することにあまり意味はない。遅刻を解決すべき標的行動として選ぶのは、あくまでパフォーマンス（たとえば、得意先から文句を言われるなど）に問題が生じたときである。

　パフォーマンス・マネジメントの先駆者の一人であるギルバートは、組織がパフォーマンスの向上につながらない行動に価値をおく危険を"行動の罠"と呼んでいる[2]。遅刻の例なら、毎日時間通りに出社する社員をそれだけで表彰することがこれにあたる。社員に何を期待するかパフォーマンスとして明らかにすれば、それによって優秀な社員を表彰できる。残業時間の多い社員を「よくやってる」と誉めるよりも、少ない残業時間で同じ成果を上げている社員を評価すべきなのだ。

　もう一つ例をあげよう。社内で何か問題が生じ、その解決のために対策委員会が結成されたとする。対策委員会の目的は問題解決であるが、問題解決と同時に解散する運命にもある。このような場合、対策委員会の責任者やメンバーが行動の罠にはまると、問題解決につながらないが忙しそうには見える行動に従事することがある。たとえば、会議を頻繁に開いたり、膨大な調査報告書を作成したり。

ＡＢＣ分析すれば、こういった"忙しそうには見える"行動がいかに強化され、問題解決をする行動がいかに弱化あるいは消去されているか、明確になる。

Ａ：先行条件	Ｂ：行　動	Ｃ：結　果
解決すべき問題があるとき	会議を開く	仕事が続く（↑） 上司から評価される（↑）
	問題を解決する	仕事がなくなる（↓）

　上澄と吉永が、コーディング規定というプログラム作成の約束事に注目したのは、それによって二人の問題児が作ったプログラムが、他のメンバーから分かりやすく、手助けしやすくなるからである。何の問題もなくプロジェクトが進んでいれば、コーディング規定を守らせるために品質検査をする必要はなかった。そうすることは行動の罠に陥ることになる。

　吉永が使った技法を**パフォーマンス・フィードバック**と呼ぶことがある。パフォーマンス・フィードバックでは、行動の成果の具体的、客観的な評価を、叱責や嫌みなど主観的な批判なしに、そのまま伝える。たとえば、品質検査の総合評価なら、高得点は好子としてマニュアル通りにプログラムを作成する行動を強化し、低得点は先行条件として、マニュアルを読み直すなど、高得点をとるための行動を引き起こしたかもしれない。

Ａ：先行条件	Ｂ：行　動	Ｃ：結　果
品質検査で低得点	マニュアルを見直す	高得点（↑）

　パフォーマンス・フィードバックでは、高得点を取るための具体的な行動を指定しないことも多い。たとえば、品質検査で高得点をとるためには、マニュアルを見ながらプログラムを作ることもできれば、作成後に自分で検査してみることもできる。高得点を取ったプログラムを複製して使い回すこともできる。あるいは、吉永に提出する前に同僚に頼んで検査してもらうこともできる。

　パフォーマンスを向上するための行動がいくつもある場合、いちいち「あれ

をしろ、これをしろ」と指示するのは望ましくない。反発の原理が働いて、カウンターコントロールが生じるかもしれないからだ（第5章）。

「好子のような報酬を使いすぎると、かえって本人のやる気とか動機づけに悪影響があるのではないか？」

　心理学、特に教育心理学を勉強したことのある人からこうした質問を受けることがある。確かに、パフォーマンスに依存して報酬を与えると**"内発的動機"**が弱まるとして、子どもの教育に物質的な報酬を与えることを批判する心理学者もいる[3]。ところが、彼らの根拠は数セッションという短い実験期間でのデータにもとづいており、より長い期間実験を行うと、一度は弱まったように見えた"内発的動機"もやがて回復するという結果も示されている[4]。このように、報酬が興味ややる気を失わせるかどうかは本当のところは、まだ分かっていない。分かっているのは報酬を適切に用いればパフォーマンスが向上することである。

　パフォーマンス・マネジメントで大切なのは、むしろ、どのようにして"内発的動機"を高めることができるかである。言い換えれば、担当者が仕事に興味を持ち、楽しめるようにするためにはどうすればよいかということである。

　行動分析学では"内発的動機"を、仕事の成果が好子となって仕事をするという行動を自動的に強化している状態と考える。つまり、パフォーマンスそのものが好子になればいい。たとえば、絵画に興味があり"内発的動機"があるとされる人の行動（描絵）は描かれた絵によって強化されていると考える。

"内発的動機づけ"のＡＢＣ分析

Ａ：先行条件	Ｂ：行　動	Ｃ：結　果
きれいな風景を観て	絵を描く	きれいな絵が描ける（↑）
仕様書から	図面を引く	正確な図面ができる（↑）

　同様に技術者の設計書を書く行動は完成していく設計書を見ることで強化される。しかし、きれいな絵が描けること、正確な図面ができることは、生まれたときから好子であったわけではない。その人の過去の行動随伴性から、派生

の原理が働いて、好子として機能するようになったのである。第8章で道徳的な好子や嫌子の発達について分析したように、どんな**結果(C)**が好子となり行動を強化するようになるか（習得性好子）、そしてどんな**結果(C)**が嫌子となり行動を弱化するようになるか（習得性嫌子）は、すなわち、その人の"**価値観**"の形成過程ともいえる。

　それでは子どもの頃に形成された"価値観"は大人になってからは変容しないのだろうか？　企業の場合、ほとんどの社員は基本的な価値観を入社以前にすでに身につけている。しかし、入社後に価値観が変化することもあり得る。人との出会いが好きで営業に配置されたが、仕事がうまくいかずに、顧客からも上司からも責められ続ければ、人と会うことが嫌子に変わるかもしれない。逆もまた真なりである。人との出会いにそれほど興味を持っていなかった人も、営業活動を通じて顧客からも上司からも支援されれば見知らぬ人と出会うことが好子になるかもしれない。

　つまり、企業におけるマネジメントで重要なことは、派生の原理をうまく使って、仕事に関連した刺激や条件が好子になるような環境を作ることである。

　新しい上司と仕事をするようになったとしよう。この段階で上司はまだ好子でも嫌子でもない中性子である。ところが別件でこの上司からしつこく嫌みを言われた。これによって上司の顔を見ただけで嫌な気持ちになる。上司の顔が反射子化した結果のレスポンデントだ。同時に、何か新しい企画を考えても、この上司に提案しようとする行動は弱化されてしまう。上司の顔が嫌子化した結果の、提案するというオペラントの弱化だ。

A：先行条件		B：行　動
上司の顔	→	不快感
[↑派生]		
上司からの嫌み	→	不快感

A：先行条件	B：行　動	C：結　果
企画が思い浮かんだとき	上司に提案する	上司の顔（↓）

■クイズ■

逆の場合も考えてみよう。話をよく聞いてくれるし、自分の仕事を認めてくる上司は、派生の原理で好子になる。また、そんな上司に認められるような成果（依頼された通りの書類、コーディング規定を守ったプログラム、斬新な提案など）も派生の原理によって好子になる。こうしたパフォーマンスが好子になれば、仕事は楽しくなる。上司や同僚から承認されるのを待たずに仕事が強化されるからだ。

上と同じように、この例に関してＡＢ分析とＡＢＣ分析をしてみましょう。

A：先行条件		B：行　動
？	→	嬉しさ
［↑派生］		
？	→	嬉しさ

A：先行条件	B：行　動	C：結　果
企画書を書いていて	？	斬新な企画（↑）

■注釈■

1) Shimamune, S. （1997）　Effects of performance-based pay systems on quality and quantity in computer programming. *Japanese Psychological Research*, 39(4), 333-338.
2) Gilbert, T.F. （1979）　Human Competence. New York: McGraw Hill.
ギルバートの考え方を紹介した訳本に、『経営改革大全』（ジョセフ・ボイエット＆ジミー・ボイエット著、日本経済新聞社、1999）がある。
3) Deci, E. L. （1975）　Intrinsic motivation. New York: Prenum Press.
4) Mawhinney, T. C., Dickinson, A. M., & Taylor III, L. A. （1989）　The use of concurrent schedules to evaluate the effects of extrinsic rewards on "intrinsic motivation," *Journal of Organizational Behavior Management*, 10, 109-129.

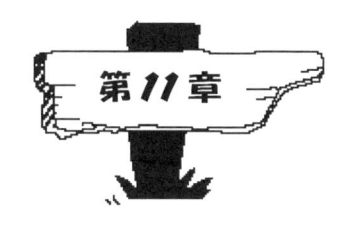

第11章 知識のマネジメント
専門用語を使いこなそう

■問題■

吉永「高木くん、これLINUX対応の新しいDTPソフトなんだけど、マルチレイヤーの機能があるかどうか、調べてくれる？」
高木「......DDT......ですか？」

吉永「西本さん、そこのG3に、このMOをつなげてくれる？」
西本「エム・オー？」

　前回、上澄からの助言で、社内の経理システム開発プロジェクトをうまく軌道にのせた吉永だったが、プロジェクトが進むにつれて、別の問題が持ち上がってきた。どうも話が一度で通じないのだ。
　チームのメンバーは、皆、経験豊富で優秀なプログラマーである。ただ、コンピュータ関連の技術はまさに日進月歩で進化している。昨日までの知識だけでは仕事にならないことも多い。チームのメンバーは、これまで大型コンピュータでの開発を行ってきたベテランだったが、そのせいで今回の経理システムのような、パソコンとワークステーションを中心にしたシステム開発には慣れていないらしい。それにどうやら、この機会に彼らを再教育しようという会社側の意図もあるようだ。つまり吉永には、プロジェクトマネージャーとしてだけでなく教育者としての期待もかかっていることになる。

　"USB"、"FireWire"、"JPEG"などのアルファベットの羅列や、"マウントする"とか"リンクする"、はたまた"インタラクティブ"のようなカタカナにとまどっている彼らに、吉永は、パソコン雑誌を読むように勧めてみた。それでも彼らの反応は今ひとつであった。パソコン雑誌にはこうした用語がやたらと登場する。用語がわからないので、文章を読んでもピンとこないらしい。

そこで吉永はプロジェクトで頻繁に使う80個の用語をリストアップし、どのくらい用語の説明ができるかどうかテストしてみた。たとえば、こんな問題である。

Q：SCSI とは？　A：パソコンとハードディスクなどの周辺機器を接続するインターフェイスの規格。FAST とか II とかの高性能版がでたが、現在は USB にとってかわられつつある。

テストの結果、チームのメンバーは平均して50％くらいしか用語を理解していないことが分かった。これでは話が通じないだけではない。仕事をしていてもフラストレーションがたまるに違いない。何とかしなければと思った吉永は、金曜の晩、上澄を飲みに連れ出した。

■解決策■

吉永から相談を受けた上澄はそれをそのまま平野に相談した。平野は米国のモトローラでも使われたという『プリシジョン・ティーチング（Precision Teaching）』について教えてくれた。行動分析学にもとづいてカンザス大学のリンズレイ教授らが開発した教授法だという[1]。複雑な知識や技能は、より単純な知識や技能の組み合わせである。だから複雑な知識や技能をマスターするためには、単純な知識や技能が流暢に利用できるまで繰り返し練習すればいい。物事は正確に知るだけでなく素早く活用できなければ役立たないというわけだ。

第11章 知識のマネジメント

吉永「ということは、スピードが重要ということ？」

上澄「そうみたいだね。平野先生から借りてきた資料には、１分間で何回行動できるかを記録していくグラフがあるんだけど、毎日数回練習して、１週間でスピードを２倍とか３倍にすることが目標になるらしい」

吉永「うーん。よくわからないな」

上澄「論より証拠。まずはやってみないかい？　君がテストした80個の用語が流暢になるような**熟達訓練**を考えよう」

吉永「熟達訓練？」

上澄「これも平野先生から教わったんだけど、『サフメッズ』という方法がある。サフメッズとはSAFMEDSのことで、Say All Fast Minute EveryDay Shuffleの略。単語カードの表に問題、裏に正答を書いて、毎日１分間、シャッフルしてから、できるだけ速く答える。そして１分間に何枚のカードが言えたか記録してグラフにしていく」

吉永「何だか単純だね。受験勉強みたいだ」

上澄「君のチームのメンバーは仕事上重要な用語について熟達していない。だから会話もスムーズにいかないし、資料を読んでもピンとこない。会話したり、資料を読んで理解するのは複雑な知識や技能だよね。そのまま教えるには難しすぎる。より単純な知識、つまり用語について熟達すれば、会話や文章理解は、他には訓練なしでも、自動的にうまくいくようになる、というのがプリシジョン・ティーチングの考え方さ」

吉永「なるほどね。単語カードを使うだけなら簡単だからすぐできる。さっそくやってみるよ」

　翌週。吉永は英単語カードを使ってサフメッズの教材を作ってみた。試しにチームのメンバーの一人にやらせてみると、面白いことがわかった。彼女は、たとえば"JPEG"の意味が分からないだけではなく、読み方（"ジェイペグ"と読む）も分からなかったのだ。「ジェイ・ピー・イー・ジー？」とか言っている。そこで吉永はチームのメンバーそれぞれにカードを自作させることにした。この場合、どんな行動を標的行動にすべきかが、個人個人で違うし、それはそれぞれが一番よく知っている。それに、上澄からの助言もあった。用語の意味を教える場合、正解は各自が言いやすい表現や文体にしていいと。そうし

ないとスピードが上がらないからだという。

　吉永は、毎日最低10回はこのカードを使って練習し、その日の最高記録をグラフに記入するように指示した。また、自分で作ったカードを試したら1分間で120枚こなせたので、これを目標にするように伝えた。
　最初は「こんな丸暗記なんて役に立つの？」といぶかしげだったメンバーも、記録に挑戦しだすと、次第に楽しみ始めた。メンバーは各自グラフを見せあい、昼休みに記録に挑戦していた。1週間後には全員が目標を達成した、中には140の大台に乗せた強者も現れた。一度学んだことを忘れないかどうか確認するために、1週間おいて再テストしたところ、80〜100％は覚えていた。それに忘れてしまった分も、2〜3回、カードで再練習すると元に戻った。「これまでは資料を読んでいても何が書いてあるのかさっぱり分からずに途中で放棄してたけど、最近は理解できるようになってきた」などの声もあがるようになった。メンバーのうち何人かはさらに自分でカードを追加し、自主的に熟達訓練を続けているようだ。

吉永「高木くん、MacでTCP/IPを設定するにはどうしたらいいんだっけ？」
高木「コントロールパネルからTCP/IPを選んで下さい。設定方法を手動にすれ
　　　ばIPアドレスをそのまま入力できますよ」
吉永「ありがとう！」

　話もよく通じるようになり吉永は満足だった。用語に熟達するよう訓練することで、コミュニケーションが円滑になり、マネジメントが楽になったわけだ。パフォーマンス・マネジメントは成功した。ホクホク顔の吉永。

■解説■
　パフォーマンス・マネジメントでは『知識』も『行動』と考える。脳の中のどこかに保存されている情報とは考えない。パフォーマンスの問題を解決しようとしたら、結局は何らかの行動随伴性を設定することになる。だから、知識がどんな形態でどこに保存されていようと、問題解決にとっては関係ない。む

しろ「あの人は知識がないから」という個人攻撃の罠にはまらないように注意しなくてはならない。

一般に『知識』といわれているものは、よくよく考えるとすべて行動レパートリーとして置き換えられる。死人にはできないことばかりだからだ。我々が「あの人は〜の知識がある」と評価するのは、その人の行動を観察しているのであって、脳のどこかにあるかもしれない知識を観察しているのではない。

我々はどんなときに「あの人はパソコンの知識がある」と評価するだろう？新しいパソコンの購入について相談に乗ってくれたときかもしれないし、最新のテクノロジーについて淡々と語るのを聞いたときかもしれない。ワープロを使っていて、消してしまったと思っていた文章ファイルを復活してくれたときかもしれない。知識は目に見えないが行動は観察できる。

知識を行動レパートリーとして解釈すれば、他の行動と同様に、ＡＢＣ分析を使ってパフォーマンス・マネジメントを適用できる。強化や弁別、分化の原理などを利用して、増加したり、深めたりできるのだ。ここではこれを**知識のパフォーマンス・マネジメント**と呼ぶことにする。

社内の経理システムを開発するプロジェクトで、吉永は、メンバーにパソコンやワークステーションなどの知識がないことが、コミュニケーションや書類の理解にとって弊害になっていると考えた。そこで、プリシジョン・ティーチングのサブメッズを使って、重要な用語について熟達する訓練を実施した。

たとえば、「ISDN」というカードに対して「統合デジタル通信網（Integrated Services Digital Network）」と答える行動は、カードの裏を見て自分の答えを確認することで強化される。「JPEG（読み方？）」というカードに対して「ジェイペグ」と答える行動が、やはりカードの裏を見て強化される。

知識のＡＢＣ分析

Ａ：先行条件	Ｂ：行　動	Ｃ：結　果
「ISDN」	「統合デジタル通信網」	正解確認（↑）
「JPEG」	「ジェイペグ」	正解確認（↑）

プリシジョン・ティーチングではスピードが重要視される。流暢な行動は、忘れにくく、妨害されにくく、しかも応用されやすいからだ。吉永は、1分間に正解できるカードの枚数に目標を定め、行動随伴性を設定した。目標を設定すると、目標に近づくことが好子になる。パフォーマンスをグラフにつけることで、この強化の行動随伴性はより確実なものになる。

スピードに関する目標のＡＢＣ分析

Ａ：先行条件	Ｂ：行動	Ｃ：結果
昨日は1分間に80枚できた	答えをできるだけ速く言う	今日は1分間に90枚できた（↑）

用語に関する行動レパートリーが熟達するにつれて、より複雑なパフォーマンスは自動的に改善された。用語を含んだ会話は円滑になり、雑誌記事や資料などの文章理解も苦痛なく進むようになった。なぜか？　用語の意味が分からないことによる嫌子が減り、理解できることによる好子が増えたからだ。

用語を熟達する前の行動随伴性

Ａ：先行条件	Ｂ：行動	Ｃ：結果
「TCP/IPの設定は？」	「てぃー……なんですか？」	「もういいよ！」（↓）
資料を渡されて	読む	意味不明（↓）

用語を熟達した後の行動随伴性

Ａ：先行条件	Ｂ：行動	Ｃ：結果
「TCP/IPの設定は？」	「コントロールパネルで設定して下さい」	「ありがとう」（↑）
資料を渡されて	読む	意味がわかる（↑）

パフォーマンス・マネジメントの基礎になっている行動分析学は、いわば実践的な学習心理学であり、その研究成果は教育界へ広く応用されている。この章で紹介したプリシジョン・ティーチングはその一例でしかない。他にも多くの技法やプログラムが開発され、学校や企業に導入されている。

知識のパフォーマンス・マネジメントの原則は二つある。一つは、パフォー

マンスを改善するための『知識』を行動レパートリーとして具体的に定義すること（標的行動の定義）。もう一つは、学習者が行動レパートリーを習得できるように行動随伴性を整備することである。知識も行動であるから、レパートリーとして習得されるためには、標的行動が実際に行われ、強化されなくてはならない。テニスの初心者にラケットの握り方やフォームなどを説明しても、それだけではボールを打てるようにはならない。実際にラケットを握らせ、ボールを打たせながら練習しなくてはレパートリーとしては習得されない。同じことが知識のパフォーマンス・マネジメントにも言えるのだ。文系でも理系でも、熟達するためには体育会的な練習が大切であることを、行動分析学の研究は示している。

■クイズ■

　知識のパフォーマンス・マネジメントの原則から考えると、たとえば講師を招いて1時間の講義をしてもらう（学習者はただその講義を聞くだけ）というのは効果的な教授法ではありません。どうしてでしょうか？

■注釈■

1) Lindsley, O. R.（1992）　Precision teaching: Discoveries and effects. *Journal of Applied Behavior Analysis*, 25, 51-57.

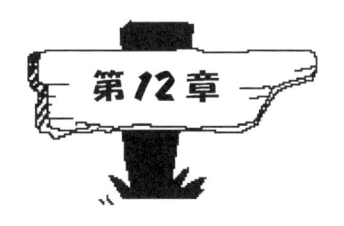

第12章　学校のマネジメント
ルールを守る

■問題■

　授業開始の鐘が鳴り、教室に入った井原教頭は、自分の目を疑った。

　3年4組の教室には、誰一人、席についている子どもがいない。後ろの方で、ほうきをかざしてゴッコ遊びをしている男の子たち、数ヶ所にかたまってお喋りをしている女の子たち、それにちょっかいをだす他の男の子たち、井原が入って来たことさえ気づかずに好き勝手を続けている。いや、何人かは明らかに気づいている。でも、無視しているのだ。

　「…………」　しばし、呆然とする井原。
　病欠気味だった担任の上田先生が今日から長期休養に入ったので、当分の間、このクラスの算数を受け持つことになったのだ。確かに噂は聞いていた。あのクラスは相当ひどいですよ。上田先生が参ってしまうのも無理はない。実は上田先生にも問題があるみたい……　などなど。

　井原は気を取り直し、教壇へと向かった。黒板を背にして立ち、教室を見回すと、教科書を振り上げ、一挙に教壇にたたきつけた。
　バン！
　一瞬、教室の中の時間が止まる。32人の子どもの64の瞳がすべて井原の方を向く。計算通りだ。
　「さぁ、授業を始めるぞ」　井原は、静かに、でも腹の底から声を出した。教職25年のベテランだ。子どもになんかなめられてはいけない。

　しかし、次に起こったことは、25年間の教職経験をはるかに凌駕していた。大きな音に驚いて動きを止めた子どもたちの半数は、それまでしていた好き勝手なことをまた始めたのだ。残りの半数は席についたが、教科書を出すわけで

もなく、隣の子と話を始めたり、机にうつ伏せたり、窓の外をボーッと見たりしている。

井原は目眩を感じた。これは一大事だ。

■解決策■

その日の夕方。教育委員会へ出かけていた柏木校長が帰ってくるとすぐに、井原は相談を持ちかけた。3年4組の現状を話し、このままでは授業が成立しないことを正直に打ち明けた。井原は午後の時間の大半を費やして、学年主任や他の先生方と話をし、3年4組の授業を廊下から観察した。3年4組の子どもたちは、誰が教壇に立とうともおかまいなしだった。それに井原は、この機会に、他のクラスの授業も見て回った。すると、今までは気づかなかったが、他のクラスにも、私語が多かったり、教科書を出していなかったり、黒板の方を見ていなかったりと、授業に集中していない子どもが数多くいることが分かった。どうやら3年4組だけの問題ではなさそうだ。

井原「とにかく、何とかしないといけません。このままでは学級崩壊です」
柏木「学級崩壊なんて、そんな大げさな。少し落ち着いて下さいよ、教頭先生」
井原「落ち着いてはいます。でも校長先生、問題は深刻です。子どもたちが授業に集中していないことだけじゃなく、我々が現状を把握できていなかったことも」
柏木「上田先生のことは私も気にしてはいたのです。でも、彼女もベテランだし、少々難しいクラスでも受け持てると思っていたのです」
井原「私も同じです。でも、これは一人の教師の力で何とかできるような問題ではなさそうですよ。授業が始まったら席について教科書を出すとか、先生が話しているときはそちらを見るなんていう、ごく当たり前の行動が身についていないのですから」
柏木「そんなにひどいのですか？」
井原「はい。それに、こういう問題を先生方同士で話し合うことも少ないようです。自分のクラスの問題は自分で解決しないといけないっていう意識が強いみたいです。上田先生もそれで煮詰まってしまったのではないで

しょうか」

柏木「どうすればいいでしょうか？　何か良い考えはありますか？」

井原「私のテニス仲間に上澄という男がいます。大洋工業に勤めている若者ですが、最近、パフォーマンス・マネジメントという心理学の方法で、色々な問題を解決しているようです。もしかしたら役に立つかもしれません。明日の夜に練習がありますから、話を聞いてみましょう」

　井原教頭から相談を持ちかけられた上澄は、パフォーマンス・マネジメントを小学校に導入した事例があるかどうか、早速、慶洋大学の平野豪に問い合わせた。平野はオレゴン大学のスガイ博士らを中心にした Center on Positive Behavioral Interventions & Supports（"問題行動へのポジティブな介入と支援のためのセンター"）の活動を紹介してくれた[1]。このセンターでは、暴力やいじめ、薬物乱用や授業妨害など、様々な問題行動が生じている学校から依頼を受けると、まずはその学校の中で、教師による問題解決チームを作り、行動分析学の基本的な考え方を教えて、教師が自分たちで解決策を考えられるように手伝うそうだ。詳しく話を聞いた上澄だったが、それを井原教頭に間違いなく伝える自信がなかったので、直接、話をしてくれるように平野に頼んだ。

　翌週、平野は数人の大学院生を連れて、柏木校長と井原教頭の待つ高島第三小学校を訪れた。井原教頭から3年4組の現状を聞いた後で、平野はスガイ博士らの活動を説明した。

平野「授業が始まったら着席して教科書を出すとか、先生の指示に従うというのは、学校生活を有意義に送るためには、子どもたちにとって不可欠の行動ですよね」

柏木「その通りです。でも、どうしてそんな当たり前のことができないのでしょうか？　やはり家庭に問題があるのでしょうか？」

平野「原因は色々あると思いますが、自分たちにできることから考えましょう。そうしないと個人攻撃の罠にはまってしまいますから」

井原「個人攻撃の罠ですか？」

平野「はい。たとえば、家庭でのしつけに問題があったとしても、学校として

できることは限られますよね。それより、先生方がまず取り組めることから考え始めた方がいい」
井原「なるほど」
平野「まず、現状を直視しましょう。どうやら子どもたちには、学校で成功するための基本的な行動レパートリーが身についていないようです。だから、それから教えないと問題は解決しません」
井原「席につくことを教えるんですか？」
平野「そうです。他にも、名前を呼ばれたら返事をするとか、先生が話しているときは先生の顔を見るとか、先生の指示に従うとか、これだけは必ず守って欲しいというルールをいくつか確認します」
柏木「校則みたいなものですか？」
平野「そうですね。ただ、できるだけ数を絞って、意味のあるルールだけにしましょう。お題目になってしまっては仕方ありませんから」
柏木「井原先生、さっそく作ってみてくれますか？」
平野「いやいや校長先生、スガイ博士らの活動でもそうですが、こうしたプロジェクトには先生方ができるだけ主体的に参加した方がいいのです」
柏木「どうしてでしょう？」
平野「ルールは作ったらそれで終わりではありません。ルールを実際に教えたり、ルールを破っているのを見つけたら指導しないといけません。そのためには学校の先生方全員が、ルールを熟知して、対応方法が一貫するようにしておかないとなりません」
井原「なるほど。確かに、甘い先生と厳しい先生がいれば、子どもは甘い先生の方に引きずられますね」
平野「どういうときに、何をしたら、どうなるか、これを行動随伴性と言います。子どもの望ましい行動と望ましくない行動について、行動随伴性が、学校全体で一貫していることが大切なのです」

　平野はスガイ博士らが協力して作成したという、オレゴン州のある小学校のルール集を二人に見せた。そこには、教室、図書館、グラウンド、食堂、廊下など、いくつかの場所や状況別に、望ましい行動（たとえば、静かに席につく、先生の指示に従う、物を投げないなど）と、望ましくない行動（たとえば、友

達とおしゃべりする、走り回る、ゴミを散らかすなど）が、具体的に書き出されていた。

平野「この学校にも、もともと、"自分と友達と学校を大切にしよう"というルールがあったそうです。でも、具体的な行動として書かれていなかったので、お題目に終わっていました。子どもたちには、何が自分を大切にすることかピンとこないし、先生によっても、何が友達を大切にすることなのか微妙に変わってくる。混乱するのは子どもです」

井原「教師の間で共通の認識を持つことの大切さは分かります。でもルールを作るだけでうまくいくのでしょうか？」

平野「ルールを作って共通認識を持つのは、大切な第一歩です。スガイ博士らのプロジェクトでは、その後、色々な方法で、ルールを守ることを子どもに教えていきます」

柏木「たとえば、どんな？」

平野「新学期の初日、オリエンテーションの時間に、学校全体でルールを守る練習をします。クラスごとに、廊下やグランド、食堂などを回り、まずは先生がその場で望ましいとされる行動と望ましくないとされる行動を言葉で説明します。次に先生自身が実演し、今度は子どもにやらせます。各自何度か繰り返し練習して、しっかりできるようになったことを確認します。ルールを言葉で教えるだけじゃなくて、実際に行動させ、強化するところがミソです」

井原「強化って、褒美をやるってことですか？」

平野「子どもたちにとって良いことなら何でもいいです。スガイ博士のプロジェクトではシールなどを使うことも多いようです。先生からの誉め言葉だけでも強化できるかもしれません。要は、学校全体で強化される行動が一貫していること、それから望ましい行動が本当に強化されることが重要なのです」

柏木「できて当たり前と思っていると、せっかく子どもが望ましい行動をしても誉めたりしない。だからルールに従わなくなるというわけですね」

平野「そういうことです。それから、スガイ博士のプロジェクトでは、強化は一年中続きます。オリエンテーションの時間だけではありません。場合

によっては、1日に先生が渡さなくてはいけないシールの数にノルマをかすこともあるそうです」
柏木「それはまたどうしてでしょうか？」
井原「もしかしたら、そうすることで、先生方が、子どもの行動を強化するのを忘れないようにするんじゃないですか？」
平野「その通りです。『自覚』だけで行動が維持されれば、こんな楽なことはありませんが、世の中、そこまで甘くありません。強化は続けることが肝心です」
柏木「それで、そのスガイ先生のプロジェクトは、どのくらい効果を上げているのですか？」
平野「この論文(7)によれば、さっき説明した方法で、子どもの問題行動が42％減少したとあります」
井原「それはすごい。どうです、校長。ここは平野先生に相談にのっていただいて、うちの学校でもプロジェクトを始めてみませんか？」
柏木「そうですね。学年主任の先生方とも相談してみましょう」

　さて、高島第三小学校での取り組みは、日本で初めて学校にパフォーマンス・マネジメントを導入した成功例になるのだろうか？

■解説■
　時代が変われば行動随伴性も変わる。行動随伴性が変われば行動が変わる。『新人類』という言葉は今では死語になってしまったが、新人類がいなくなったわけではない。世代間で行動レパートリーにギャップが存在することは、時代が変貌している証なのだ（良い悪いは別にして）。だから、できて当たり前のことができない新入生や新入社員がいても驚いてはいけない。まして「社会のせいだ！」「家庭での教育が悪い！」、中学なら「小学校が悪い！」、高校なら「中学校が悪い！」、そして企業なら「大学が悪い！」と叫んでも、個人攻撃の罠にはまってしまうだけだ。できて当たり前のことができないなら、教えるしかないのだから。

> **指　針**
> できて当たり前のことができないなら、
> 教えるしかない。

　授業が始まったら着席する、教科書を出す、先生に注目する。先生に教科書の15頁を開けろと言われたら、それに従う。黒板を写せと言われたら、それに従う。すべて、現在の学校で成功するためには必要な行動だ。昔ならできて当たり前の行動だが、最近では小学校や中学校でも、これらができない子どもが増えているという。

　原因は色々あるだろう。でも、ここでは学校の行動随伴性の分析だけに限って考えてみよう。まずは、原因推定のためのフローチャート（第2章）を使う。

　子どもにルールを言葉で説明する。それで子どもの行動が変われば、問題の原因は知識にあったことになる。しかし、ほとんどの子どもの行動は、ルールを言葉で説明しただけでは変わらないはずだ。大人は、よくここで、「いったい、何度言わせるの！」と、まるでそれが子どもの責任のように、個人攻撃の罠にはまってしまう。言い聞かせても聞かないなら、いくら言い聞かせても無駄である。

　となると問題の原因は、行動レパートリーが獲得されていないか、獲得されていても動機づけが不十分ということになる。行動レパートリーが獲得されていないなら、まずは練習から始める。スガイ博士らのプロジェクトでは、新学期のオリエンテーションで、これをみっちり行った。しかも、最初は、先生方が見本を見せ、それを真似ることを強化した。そして自分一人でもできるようになるまで練習し、これも強化した。新しい行動を教えるとき、初めはできる

だけ**先行条件**(A)を増やしてやり、練習するにつれ減らしていく。第7章に出てきた**フェイディング**という手法だ。

オリエンテーションで

A：先行条件	B：行　動	C：結　果
廊下で 先生が静かに歩いて見せて 「こうやって歩くのよ」 【↓フェイディング】 廊下で	静かに歩く	そうそう、その調子（↑） シール（↑）

　大切なのは強化をすること。誉め言葉だけで強化できれば便利だが、誉め言葉が好子になっていないようなら、他の好子を使わなくてはならない。スガイ博士のプロジェクトではシールを用い、シールがたまると他の好子と交換した。他の好子には、図書館のパソコンを優先的に使う権利、教室で自由に席を選ぶ権利、鉛筆や消しゴムなどの文房具など、その学校で使えるものを工夫している[3]。

　行動レパートリーとして獲得されても、動機づけなしでは、行動は永遠には続かない。健康に良いと分かっていて、走れるのに、ジョギングは続かない。英会話ができるようになりたくて、NHKの英会話番組のテキストも買ったのに、毎日は続かない。大人でもそうなのだから、子どもに無理なことを期待してはいけない。オリエンテーションで望ましい行動を教えたから、あとはできて当たり前と考えて強化を止めたら、せっかく学んだ行動も消去してしまうかもしれない。だからスガイ博士のプロジェクトでは、オリエンテーションが終わった後も、望ましい行動を強化し続けたのだ。

オリエンテーションが終わって強化を止めたら

A：先行条件	B：行　動	C：結　果
廊下で	静かに歩く	誉め言葉なし（↓） シールなし（↓）

オリエンテーションが終わっても強化を続ければ

A：先行条件	B：行　動	C：結　果
廊下で	静かに歩く	誉め言葉あり（↑） シールあり（↑）

さらにプロジェクトでは、子どもが約束を破ったときの対処方法もルールとして明確にしていた。たとえば、ルールを破った子どもを見つけたら、まずは言葉で注意し、その場で望ましい行動を再び練習させる。同じルールを3回破ったら、職員室に呼んで注意し、さらに練習させる、というように。

A：先行条件	B：行　動	C：結　果
廊下で	大声を上げて走る	注意される（↓） シールなし（↓） さらなる練習（↓） 職員室へ呼出し（↓）

つまり、スガイ博士のプロジェクトでは、それまでは先生によってばらばらだった指導を、ルールを明確にし、強化と弱化の行動随伴性を学校全体で整備することで一貫させ、それによって子どもたちのパフォーマンス・マネジメントを行ったのだ。校則やルールを作ると、とかくルール違反を罰することが指導の中心になりがちだ。しかし、弱化によるマネジメントだけでは望ましい行動は増えない。弱化は行動を減らす原理だからである。それに罰は嫌子の出現になるから、反発の原理（第5章）が作用して、先生や学校に反抗したり、攻撃的な行動が増える。自分が学生だった頃、どれだけ校則が嫌いだったか思い出してみるといい。成功の鍵は強化と弱化のバランスにあるのだ。

学校では、子どもの行動をマネジメントするために、実は、教師の行動をマネジメントすることが重要になる。スガイ博士のプロジェクトでも、教師の行動をいかにマネジメントするかが課題であった。そのため、教師主導型のチームを結成し、行動分析学とパフォーマンス・マネジメントという、問題解決のための思考法だけを提供して、後は先生方の主体性に任せた。人から与えられた解決策より、自分たちで考えた解決策の方が実行されやすい。自分たちが立案した解決策を無視するというのは心苦しい嫌子になるからだ。それまでは子どもが望ましい行動をしても当たり前だと思って誉めなかった先生も、子どもがルールを破っているのを見逃していた先生も、このプロジェクトが始まってからは、皆で話し合って決めたルールに従った。もちろん、シールのノルマにも効果があったのだろう。

さらにもう一つ、予期していなかった成果もあった。プロジェクトが始まると、先生方同士の話し合いが、今までよりもずっと円滑に進むようになったというのだ。子どもが何らかの問題行動を起こしたとき、それを子どもの性格のせいにしたり、母親のせいにしたり、他の子どものせいにしたりと、先生によって考え方が異なれば、話もなかなか噛み合わない。解決方法も定まらない。先生方全員が強化や弱化という行動の原理で問題行動を捉え、パフォーマンス・マネジメントの方法論を使って解決策を模索することで、前向きで、問題解決に役立つ話し合いが素早くできるようになったというのだ。

■クイズ■

子どもの望ましい行動を誉めるという行動は、どのように強化されたのでしょうか？　自分たちで立案した解決策に従わないことを嫌子、ノルマを達成していないことを嫌子と考えて、下のダイアグラムを完成させましょう。

A：先行条件	B：行動	C：結果
廊下で子どもが静かに歩いているのを見て	誉めてシールをあげる	？

■注釈■

1) Center on Positive Behavioral Interventions & Supports については、このセンターのホームページ (http://www.pbis.org/) を参照下さい。また、オレゴン大学などへの訪問レポートや学校全体による問題行動への取り組みについては、コラボレーション・ネットワーク (http://www.naruto-u.ac.jp/~rcse/) をご覧下さい。
2) Taylor-Greene, S., Brown, D., Nelson, L., Longton, J., Gassman, T., Cohen, J., Swartz, J., Horner, R. H., Sugai, G., & Hall, S. (1997) School-wide behavioral support: Starting the year off right. *Journal of Behavioral Education*, 7(1), 99-112.
3) パフォーマンス・マネジメントで成功するためには、有効な好子を見つけることが重要になる。そのために、行動観察やアンケートなど、様々な方法を使う。ただし、万人に共通の好子を見つけるのは難しい。一般的には、このように好子の候補をできるだけたくさん用意して、選択してもらうのが現実的である。

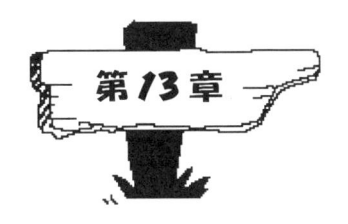

第13章 組織のマネジメントⅠ
問題の原因はどこに

■問題■

「…………」

もう10分以上、誰も何も言っていなかった。

会議室には時計の音だけが妙に鳴り響いている。その時計の針もそろそろ9時を回ろうとし、この経営会議が延々2時間を越していることを示している。

「…………」

出席者の前には、過去1年間の売上げ実績を表したグラフが置かれている。グラフはまさにすべり台のように、売上げの急激な低下を示している。

庄野「君たち、いったい、どうするつもりなんだね？」　社長の庄野がようやく口を開いた。しかし、その言葉は、本日すでに22回は繰り返されている質問だった。

田辺「やはり、営業活動を強化する必要があるのでは？」　開発部長の田辺が発言した。これもまた耳になじんだ意見である。

三村「いや、生産管理はどうなっているんだ？　この間のＫＫ物産の生産管理システムだって、納期が大幅に遅れてお客ともめたじゃないか。いくら仕事を取ってきても、顧客を満足させられなきゃだめじゃないのか！」　営業部長の三村がすぐに反応する。この二人は大洋工業でも有名な犬猿の仲である。

庄野「まあまあ、落ちつきなさい」　庄野がすぐに割って入った。そして大きくため息をついた。

「幹部全員で集中合宿でもやるか？」

「地獄の特訓みたいのはやだなぁ」

「いっそのこと、宜保愛子にでも頼むか？」

もうメチャクチャである。

小西「あの、発言してもよろしいでしょうか？」 末席に座っていた小西紀子が声をあげた。そう第6・7章に登場し、イルカと泳ぐ夢を実現した才女だ。その後、開発部から人事部へ配属された。大洋工業では初の女性管理職コースにのっている。その彼女の今日初めての発言に皆が注目する。

小西「営業とか開発とか、私たちがやっていることに何か悪いことがあると決める前に、ベンチマークをとってみたらどうでしょうか」

庄野「ベンチマーク？」

小西「ええ。競合会社の売上げや業界全体の景気を参考に、我社の経営状況を評価することです」

三村「それで何が分かるっていうのかい？」

小西「少なくとも、売上げの低下が我社だけの問題なのか、それとも業界全体の問題なのかが分かります」

三村「それで？」

小西「もし、業界全体が何らかの理由で不振なら、もしかするとそれは我々の手で解決できるような問題ではないかもしれません」

庄野「おい、おい、君…」

小西「でも、もしかしたら業界全体が不振なわりには、我社の成績はそれほど悪くないのかもしれません。それでしたら、今までの仕事のやり方をむやみに変えるのは危険だと言えます」

庄野「フーム。小西くんの意見にも一理あるようだ。そのベンチマークとやらの調査をやって報告してくれるかね、小西くん？」

小西「承知致しました」

その日の会議はそれでお開きになった。木曜の夜、10時15分だった。

次の会議で、小西は次のグラフを皆に渡すと、説明を始めた。

小西「我社と同じ規模の会社のデータは手に入らなかったので、ある雑誌に公開されていた大手A社の過去1年の売上げを参考にしました。業界全体の数字は我社と同程度の規模の会社の平均で、これも業界紙から入手したものです」

第13章 組織のマネジメントⅠ

　庄野社長以下全員がグラフに見入った。

小西「大手A社も我社と同様に売上げがダウンしていることが分かります」
　　小西の説明を三村が引き継いだ。
三村「それから、我社と同程度の規模の会社の売上げも同じ様に落ち込んでいる。相対的に見て、我々だけが特に悪いというわけではない」田辺もこのグラフが気に入ったようで、珍しく三村に反対しない。
田辺「むしろ、この景気の悪いときに頑張っているともいえる」
庄野「それでも売上げが落ちて、経営が苦しいことにはかわりがない。ここから何をどうすればいいんだい？　やっぱり、幹部の強化合宿みたいな、意識改革になることをやるべきではないか？」

　庄野社長のとまどいは全員の気持ちを代表しているようであった。皆の視線は自然と小西へと向けられた。

小西「組織の仕組みを見直して、生き残るための戦略を見つける方法として、ＡＢＣ分析という手法があります」
庄野「何だい、それは？」
小西「パフォーマンス・マネジメントという問題解決のための手法の一つです。組織は人間の行動とその行動に影響を及ぼす行動随伴性から成り立っています。ＡＢＣ分析は、どうすれば人間の行動を強化し、組織としてパフォーマンスを最適にできるか、改善の余地を探す分析手法なのです」
庄野「いよいよ、わからんな」

　小西は立上がると、ホワイトボードまで歩いていき、図を描き出した。
田辺「それなら知ってるよ。フィッシュ・ボーン・ダイアグラムだろ」　生産管理に詳しい田辺が口をはさむ。
小西「その通りです。ただ、従来の生産管理では、作業工程や設備をどう改善するか、といったシステムの問題が主に問われてきました。ＡＢＣ分析では、システム要因だけではなく行動の要因、すなわち人間側の要素も同時に検討していきます」　小西は田辺に応えながら、ホワイトボードに次のリストを書き込んでいった。

> **契約獲得**
> ・担当者は誰か？
> ・担当者は営業の方法を知っているか？
> ・担当者は営業の道具を持っているか？
> ・担当者には道具を使いこなす技術があるか？
> ・担当者には必要な資源が与えられているか？
> ・担当者には達成に伴う報酬が与えられているか？

　書き終わると、小西はゆっくりと全員の方へ向き直った。今や、小西は会議室の注目を一身に集めていた。

小西「問題を解決するには、まず問題の原因を知らなければなりません」小西は幹部の一人一人に視線を配りながら説明した。

三村「そんなの当たり前じゃないか」　営業部長の三村が横槍を入れたが、小西は動じた様子も見せずに話を続けた。

小西「そうです、まさに当たり前のことです。ところが、問題がいざ人間のことになると、当たり前が当たり前でなくなってしまうことが多いようです」

庄野「どういうことだい？」

小西「たとえば、三村部長、営業部へ配置転換する人材のことで、先週、人事部にお話にいらっしゃいましたよね」

三村「ああ」

小西「そのとき、前に開発部からまわした人間は、どれもこれも使いものにならなかったから、今度はもっとましなのを選ぶようにとおっしゃいました」

三村「そうだよ」　自分のことが話題になって、三村は少し居心地が悪そうに肯定した。

小西「そのことに関して、問題と原因は何であるとお考えですか？」　全員の視線が今度は三村に集中する。

三村「問題は営業の成績が上がらないこと。原因は……　担当者が営業向きでないことだろう？」

小西「営業向きでない？」

第13章 組織のマネジメントⅠ

三村「分かるだろ。営業に向いている性格とそうでないのがいるだろ」
小西「ある人間が営業に向いているかどうかは何を根拠に判断するのですか？」
三村「だから、営業の成績だよ」
小西「その営業の成績は、何によって決まりますか？」
三村「だから、性格だといってるじゃないか！」三村はとうとう声を大きくして、そう答えた。
田辺「ちょっと待てよ、何だかおかしいぞ」三村とはライバル関係にある開発部長の田辺が発言した。
田辺「性格が営業に向いていないというのを営業の成績だけを根拠にいっているのなら、それは単に営業の成績が悪いといってるのと変わらないんじゃないか？」
三村「何を言っているんだ？」
田辺「たとえば、自動車の加速が悪いとする。その原因がこの車は加速に向いていないから、というのはちょっと変だろう？　少なくとも加速を良くするためには役に立たない説明だ。むしろ、排気量が少ないとか、キャブレターの調子が悪いとか、オイルが古くなっているとか、疑ってみた方が、問題解決には役に立つ」
小西「その通りです」小西が微笑みながら続けた。
小西「専門的には、行動の原因を説明概念によって行うということで、まったく間違ったことなのです」

問題の原因を明らかにして
責任ある対応を

三村「.....」　そう言われて三村はだまりこくってしまった。
小西「それに、田辺部長が指摘されましたように、問題の原因はいくつかあるかもしれない。そして解決方法は原因によって違ってくるのです」
田辺「キャブレターの調子が悪いのに、オイルを交換してもしょうがない、というわけか」　田辺は自分が三村より早く理解したのが得意なように話した。
三村「でも、それなら、営業の成績が上がらない原因として何が考えられるんだい？」
小西「それを見つけるのに役立つのがＡＢＣ分析です」　そう答えると、小西は再びホワイトボードに向かって立った。

■解決策■

小西「パフォーマンス・マネジメントは、行動分析学という心理学を基礎にした問題解決のための方法です。機械工学が、自動車の問題の原因を科学的、論理的に追求して解決するように、行動分析学は人間行動の問題を科学的、論理的に解決します。たとえば、営業の成績に影響を及ぼしている変数としてはこんなものが考えられます」

　そう言って、小西は先ほどホワイトボードに書き出した項目を一つ一つ読み上げていった。

小西「営業のパフォーマンスが低い場合、担当者は契約につながるような営業の方法を知らないのかも知れません。これは知識の問題です。やり方を教えることで解決できる問題です」
三村「なるほど」　三村も身を乗り出して話を聞き始めた。
小西「ところが、やり方を知っていてもそれができるとは限りません。教本を読んでゴルフの正しいフォームを口で説明することはできても、ボールがまっすぐ飛んでいくようにはならないのと同じです」
庄野「スコアを上げるには練習しかない」　黙って聞いていた庄野社長が大きくうなずく。

小西「そうです。たとえば、お客様とどのように会話をしていくかというのは技術の問題です。解決にはコーチングなどの練習が必要です」

三村「要するに訓練の問題というわけだな。だけど、我社では営業の担当者は全員、営業強化のための合宿研修に送り込んでいるぞ。訓練は十分にされているはずだ」

小西「そうかも知れないし、そうじゃないかも知れません」　小西は半信半疑の三村に向かって答えた。

小西「合宿では技術の練習ではなく知識の伝授に時間を割いているのかも知れません。つまり、やり方ばかり教えて練習をしていないか、練習していても量とバリエーションが足りないのかも知れません」

三村「でも、うちが契約している教育会社は業界でも指折りだし、参加費だって結構な額を払っているんだ。研修に問題があるとは思えないな」　三村はまだ納得しない様子である。

小西「作業のやり方を知っている。訓練でそれができるようにもなっている。それでも実行していないとしたら、それは動機づけの仕組みに問題がある可能性が大です」

三村「小西くん、君は私が部下に対する動機づけを行っていないというのかね」　三村の表情がみるみるうちに硬直した。

小西「ここでの動機づけとは叱咤激励をするとか、部下と個人的に話をするとかいう方法論ではなく効果のことです」

三村「効果？」

小西「そうです。たとえば、先程の自動車の例に戻って考えましょう。オイルを交換するといっても、品質の粗悪なオイルでは、何回交換しても加速をよくするという問題解決にはつながりません。同じように、いくら自分が"動機づけ"をしていると思っていても、もし問題が解決していないのであれば、やり方が悪いか、不十分か、とにかく何か問題があるわけです」

三村「やはり、君は私のやり方が悪いといっているんじゃないか！」　三村は興奮してテーブルを叩いた。その顔は怒りで真っ赤になり、身体も微妙に震えている。ライバルの田辺はその様子を、いささか不謹慎にも、薄笑いを浮かべながら眺めている。庄野社長とその他の幹部は、どうなる

ことやらと緊張して見守っている。
三村「何だ女のくせに！　営業の仕事をしたこともないくせに！」　興奮する三村をよそに、小西はあくまで冷静な態度を崩さない。
小西「確かに私は女性ですし、営業の経験もありません。でも、ＡＢＣ分析を使って、営業の成績を上げる方法を提案することはできますわ」
庄野「そのＡＢＣ分析というのを詳しく説明してくれないかね？」　三村を横目で制しながら、庄野社長が発言した。

小西「我々の行動の大部分は行動の先行条件と結果に影響されています。どんな**先行条件(A)**で、どんな**行動(B)**を行うと、どんな**結果(C)**が生じるか、この行動と結果との関係を行動随伴性と呼びます。行動随伴性を分析することで、望ましい行動が起こらない理由、望ましくない行動が起こる理由を推測できるのです」
庄野「たとえば？」
小西「たとえば、営業担当者の仕事を考えてみましょう。優秀な営業担当者は契約を獲得するために様々な行動をとっているはずです。今、これらをまとめて優秀な営業活動としましょう」
庄野「資料の作り方とか、プレゼンの仕方とか、そういうことかい？」
小西「そうです。成績が優秀な担当者は、そうでない人とは何か違うことをしているはずです。具体的に何が違うかは後で考えることにして、今はＡＢＣ分析に集中しましょう。優秀な営業活動の結果にはどんなものがあるでしょうか？」
三村「当然、契約じゃないか」　まだ興奮ぎみの三村がそう答える。
小西「そうですね。他にはどうですか？」　小西はホワイトボードに**先行条件(A)**、**行動(B)**、**結果(C)**と書き、**結果(C)**の下に「契約」と書き足しながら、全員を見回した。
田辺「達成感があるし、成績が上がって昇進する」
森　「ボーナスの査定がよくなる」　開発部長の田辺と、人事部長の森が次々に発言し、小西はそれぞれを書き加えた。
庄野「会社の利益が上がる」　ここぞとばかり、庄野社長。
小西「いいことづくめですね。他にはありませんか？　何か悪いことでもいい

第13章 組織のマネジメントⅠ

ですよ」
三村「契約を取って悪いことなんかあるわけないじゃないか？」　憮然として三村が言い放つ。

A：先行条件	B：行　動	C：結　果
仕事中に	優秀な営業活動に従事する	契約（○） 達成感（○） 昇進（○） ボーナス（○） 会社の利益（○）

田辺「それはどうかな？」　田辺が首をひねる。
田辺「うちの会社では、契約を取ってきた担当者が、そのプロジェクトが完了するまで、顧客との折衝に責任を負うだろう。だから、契約をたくさん取ってくる優秀な営業担当者ほど忙しくしているじゃないか。残業や休日出勤も増えるし、有給も使いにくくなる」
小西「そうですね、素晴らしい着眼点です。他にはありませんか？」
水野「個人的に聞いた話だけど、せっかく仕事の話を持ってきても、開発部の方から色々文句を言われることがあるそうだよ」
田辺「文句って？」　経理部長の水野の一言に、今度は田辺が反発する。
水野「こんな仕事じゃ採算が取れないとか、勝手に無謀な納期を約束するなとか、そういうことらしいよ」
田辺「それは確かにあるかもしれない.....」
小西「他にはありませんか？」　ホワイトボードに「残業・休日出勤」と「文句」を付け加えながら、小西はさらに発言を促した。
庄野「自分も昔は営業をやったけど、契約を取りつけるまでには何十件も顧客先を回らなければならない。嫌な相手もいるし、契約が取れそうで急にキャンセルになり、失望することも多い。優秀な成績を上げている人間ほど、落胆する回数も多いんじゃないかな？」　庄野社長が感慨深げに話す。
小西「そのとおりです。契約にこぎつけるまでには失敗やハズレも多い。先程皆さんがあげて下さった"契約"とか"達成感"とかは、優秀な営業活

動を数多く行ってもたまにしか得られないところに実は問題があるのです」 小西は結果(C)のリストに「嫌な顧客」と「失望」を加えながら解説した。

A：先行条件	B：行　動	C：結　果
仕事中に	優秀な営業活動に従事する	契約（○） 達成感（○） 昇進（○） ボーナス（○） 会社の利益（○） 残業（×） 文句（×） 嫌な顧客（×） 失望（×）

■解説■

小西「それでは、次に、皆さんがあげて下さった行動の結果が、優秀な営業活動を増やすための動機づけとなるかどうか検討してみましょう。ただ、その前に、行動の結果が行動に影響するかどうか、それを見分ける法則を説明させて下さい」 小西はホワイトボードの表の隣に次の三つのルールを書き出した。

> 指　針
> 行動の結果によって行動を強化したり弱化するためには...
> 1. 行動と結果の関係は明確に！
> 2. 結果は行動に対して確実に！
> 3. 結果の伝達は行動の直後に！

小西「行動と結果の関係は明確でなければなりません。何をどれだけすればこ

うなるという結果は行動に影響しますが、これをやっていればいつかはこうなるだろうといった結果は行動を動機づけません」

庄野「どういうことかな？」　庄野社長は半信半疑の様子である。

小西「たとえば、営業成績を上げれば昇進やボーナスの査定にプラスになるとはいっても、課長になるにはどれだけ成績を上げる必要があるのか、また、どれだけ契約を取ればいくらボーナスがもらえるのか、といった具体的な関係が明確でないと、動機づけの手段としては不確実なのです」

庄野「フーム」

小西「それから、すでにご指摘があったように、契約や達成感は、優秀な契約活動の一挙一動に必ず伴うわけではありません。確率的には非常に低い出来事です[1]。だから行動を動機づけるにはこれも不確実なのです」

庄野「結果の伝達は迅速に、というのは？」

小西「行動の結果が明確で、かつ、確実であっても、その伝達に1年も2年もかかるようでは動機づけの力も弱まります[2]。たとえば、優秀な営業活動に従事して会社の業績が上がっても、それが自分に戻ってくるには早くても半年から1年はかかるでしょう？　そういう結果は、なかなか、効果的な動機づけにはならないのです」

水野「ちょっと待ってよ」　水野があわてて発言する。「そうすると、我々があげた行動の結果は、全部、動機づけ効果が期待できないぞ」

森　「それだけじゃないよ。逆に、動機づけを妨げそうな行動結果は、すべて、明確で、確実で、迅速じゃないか！」　森も顔をしかめながら指摘した。

小西「そうですね。契約がとれると忙しくなって残業が増えるのは確実みたいだし、契約を取った時点ですぐに忙しくなりそうですね」　小西が補足する。

庄野「どんなに優秀な営業活動をしたって契約成立はせいぜい何十件の内の1件でしかない。確率から言って、失望や落胆は、契約の達成感より、はるかに頻繁に起こっていることになるな」　庄野社長も同意する。

小西「それでは、行動を動機づける結果には（↑）、不確実な結果には（？）、動機づけを妨げそうなものには（↓）をつけてみます」　そう言うと、小西はホワイトボードの各項目にマークをつけていった。

A：先行条件	B：行動	C：結果
仕事中に	優秀な営業活動に従事する	契約（？） 達成感（？） 昇進（？） ボーナス（？） 会社の利益（？） 残業（↓） 文句（↓） 嫌な顧客（↓） 失望（↓）

　しばらくの間、全員が無言でホワイトボードを見つめていた、が、ようやく庄野社長が口を開いた。
庄野「これじゃ、営業の成績が上がらないのも不思議ではない……」
　小西は静かに肯いた。（次章へ続く）

■クイズ■
　契約が取れることやボーナスはおそらく好子です。ところが、小西さんのＡＢＣ分析の通り、受注やボーナスは、営業活動中の適切な営業活動を強化しません。矛盾してるように感じられますか？　第1章で定義したように、好子とは「行動の直後に現れるとその行動を強化するモノやコトすべて」です。どこをどう考えれば、一見矛盾していそうなこの問題が解決できるのでしょうか？

■注釈■
1) 結果(C)が起こる確率が低いために、行動に影響しない随伴性を"天災は忘れた頃にやってくる"型と呼んでいる。
2) 行動(B)の一つ一つに対する結果(C)の量が小さすぎて、累積的には大きな結果になるのに、行動に影響しない随伴性を"塵もつもれば山となる"型と呼んでいる。

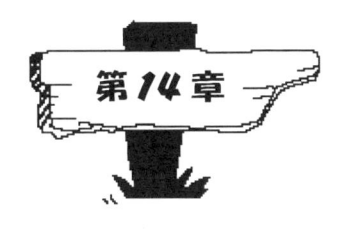

第14章 組織のマネジメントⅡ
やる気にさせる会社とは

■問題■

三村「ホッフフフフッフ」　それまで小西の説明を黙って聞いていた三村部長が奇妙な笑い声を上げた。「だから言ってるじゃないか。私が彼らを動機づけているんだよ。何もわかっとらんのだよ、君は」

庄野「まぁ、三村君。君の努力は私も知っている。ただ、今は小西君の話をもう少し聞こうじゃないか」　三村の横柄な態度にさすがの庄野社長も困惑してなだめに入る。ところが小西は全く動じない。むしろ挑戦的ともいえる口調で三村に向かう。

小西「部長がどのように部下の方々を動機づけていらっしゃるか、具体的に教えていただけませんでしょうか？」

三村「叱咤激励さ！」

小西「とおっしゃいますと？」

三村「部下の仕事ぶりを毎日よく見ていてだな、なまけてる奴には喝を入れるし、よくやってる奴は誉めてやる。それに元気のない奴は飲みに連れていって力づけているよ」

小西「素晴らしいですね」

三村「そ、そうだろう？」　てっきり批判されると思っていた三村はちょっと拍子抜けしたようだ。しかし、安心するのはまだ早い。

小西「三村部長のおっしゃる叱咤激励をＡＢＣ分析を使って考えてみましょう」　そう言うと小西は再びホワイトボードに先行条件(A)、行動(B)、結果(C)と書き込んだ。「最初に"喝を入れる"ことから分析しましょう。これは先行条件(A)、行動(B)、結果(C)のどれに当たりますか？」

三村「行動だろう？」　全員が肯く。

小西「確かにこれは三村部長の行動です。でも営業担当者にとってはどうですか？　私たちは彼らの行動を動機づける方法を考えているのですから」

森 「そうか、それなら担当者の行動は"なまける"で、三村さんの"喝"はその結果だ！」と人事部長の森。

小西 「その通りです。だけど"なまける"とはいったいどういう行動でしょうか？」

三村 「仕事をしてないことだろう？　成果を上げていないことだ」

小西 「何かをしていない、というのは行動ではありません。我々は行動ではないものを動機づけることはできません」

田辺 「前回のＡＢＣ分析では営業担当者の"優秀な営業活動"が行動だったね」とこれは開発部長の田辺。

小西 「そうです。それが我々が動機づけようとしている行動です。標的行動と言います。ところが皆さんがご指摘されたように、一つの契約を取るには長い時間がかかるし、できることすべてをやっても契約が取れないこともあるわけですよね」　皆が話についてきているかどうか、一度全員の顔を見回してから小西は話を続けた。

小西 「そうすると、ある時点で、ある担当者の営業成績が低いからといって、それがそのまま"優秀な営業活動"をしていないことになるでしょうか？」
「……」

小西 「もしかして、"優秀な営業活動"をしているけど何か他の事情で成果が出ていないときに"喝"を入れてしまう危険性はありませんか？」

庄野 「そんなことになったら"優秀な営業活動"を逆に妨げてしまうかもしれないな」

A：先行条件	B：行　動	C：結　果
仕事中に	優秀な営業活動に従事する	部長に怒鳴られる（↓）

小西 「そうです。行動(B)を見ずに、成果のみから望ましい行動が行われていないと判断し、嫌子を使うのは控えた方が無難です。それに一般に、嫌子より好子を使ったマネジメントの方が、動機づけを効果的に行うことができます」

田辺「叱ったりするのは嫌子というんだね。どうして嫌子は逆効果なんだ？」
　　開発部長の田辺が質問する。
小西「嫌子を使うと、怒られるのを避けるために失敗を隠したり、水増しの報告が増えるようになります。それに一般的に言って、退職率や転職率も高くなりがちです。派生の原理が働いて、上司や会社が嫌子化するからです」

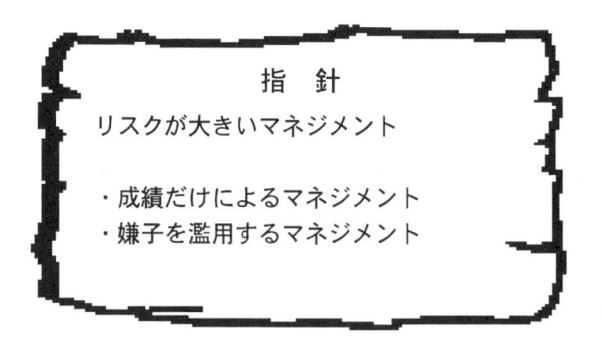

```
┌─────────────────────────────────────┐
│            指　針                    │
│                                      │
│      リスクが大きいマネジメント       │
│                                      │
│    ・成績だけによるマネジメント       │
│    ・嫌子を濫用するマネジメント       │
└─────────────────────────────────────┘
```

A：先行条件	B：行　動	C：結　果
部長の前で	仕事の遅れをごまかす	怒られずにすむ（↑）
怒られてばかりの職場から	転職する	

■解決策■

三村「それじゃいったいどうすればいいと、君は言うのかね？」
小西「新しいＡＢＣを追加するのです」
三村「どうやって？」
小西「望ましい成果が達成されていないなら、どんな行動が欠けているのか聞き出します。叱るためにではなく、いつまでに何をやるのか、約束させるのです」
三村「たとえば、今日中にお客さんに電話をかけるとか？」
小西「そうです。そしてその約束が守られたかどうかを確かめます。もし守られていれば誉めるし、守られていなければ今度は自信を持って叱ること

ができます」

A：先行条件	B：行動	C：結果
上司と約束して	守ったら	誉められた（↑）
	破ったら	叱られた（↓）

三村「そうか、自分の行動を結果だけでなく先行条件でも使うのか…」　三村も少しは納得した様子で、独り言のようにつぶやいた。

小西「そうです。"あれやれ、これやれ"と指示ばかりする、先行条件だけのマネジメントも、"あれやってない、これやってない"と批判ばかりする、結果だけのマネジメントとも、どちらも不十分です。ABCが一貫したとき、人間の行動は初めて動機づけられるのです」

庄野「三村君はよく仕事をしている部下を誉めていると言っていたが、あれはいいのだね」　庄野社長が質問する。

小西「部下を誉めるときには、どの行動を誉めているのか、はっきり相手に伝わるようにします。無条件に誉めると、望ましくない行動を増やすだけでなく、望ましい行動を減らす可能性さえあります。動機づけのためには具体的な行動を誉めることが肝心です」

指　針

叱咤激励は、具体的な行動目標を設定したときに有効になる。

無条件に誉めずに、目標達成を具体的に誉めること。

A：先行条件	B：行　動	C：結　果
仕事中に	適切な活動をしたら	部長に誉められた（↑）
	不適切な活動をしても	部長に誉められた（↑）
	（何もしてないのに）	部長に誉められた（↑）

水野「何かうまい誉め方というのはあるのかね？」　と経理部長の水野が聞く。

小西「ただ"よくやってるね"と声をかけるだけではなく、たとえば昨日どんな仕事をしたか質問します。その中で望ましい行動があればそれを指摘してあげます。それから、その人が以前には苦手としていて今では取り組んでいる行動があれば承認してあげましょう」

田辺「そこまで上司に気にしてもらえれば確かに嬉しいだろうな」

小西「具体的に誉めることは、次にその行動を繰り返すための先行条件にもなるのです」

A：先行条件	B：行　動	C：結　果
部長 「前回は見込み客の情報を調べてからミーティングへ出かけたのがよかったね」	見込み客に関する下調べを行う。	部長 「君はよく下調べをするね。感心するよ」（↑）

「でも、それぐらいのことで営業の成績が向上するんだろうか？」

「この不景気だしね」

どうやら皆、ＡＢＣ分析には納得したものの、その効果には半信半疑のようだ。

小西「部下の誉め方や叱り方を上司が学ぶのは非常に大切です。でもそれだけでは、当社の営業成績を向上するには足りないかもしれません」

庄野「他にはどんな方法があるんですか」　庄野社長があらたまって質問する。

小西「最近では給与を仕事の成果によって支払う**ペイ・フォー・パフォーマンス**という賃金体系が導入され始めています。米国のある銀行ではこれを使って生産性を３倍にまで伸ばしたそうです」

水野「年俸制とか成果給というやつだろう？」 さすがに経理部長の水野、よく勉強している。
小西「会社全体の利益によって給与を決定するのが年俸制だとしたら、年俸制は必ずしも良い動機づけの仕組みではありません」
水野「どうしてだい？ 給与（Ｃ）が労働（Ｂ）に依存して支払われるのだから立派なＡＢＣじゃないか？」

「どうして年俸制は動機づけの仕組みとして適切ではないんだろうか？」
「そうだよ。仕事の成果に対して給与が支払われるんだから、君の言うＡＢＣ分析そのものじゃないか？」

■解説■
　困惑する部長たちを脇目に、小西は鞄から資料を取り出して配り始めた。Ａ４で６ページ程のその資料の表紙には『ペイ・フォー・パフォーマンス：ある銀行のサクセスストーリー』という如何にも怪しげなタイトルがつけられている。

小西「年俸制の欠点を指摘する前に、ペイ・フォー・パフォーマンスの成功例を紹介させて下さい」 そう言うと小西は説明を始めた。「これは米国のアーカンソー州にあるユニオン・ナショナル・バンクという銀行がオペレーターの給与体系にペイ・フォー・パフォーマンスを導入した成果です[1]。従来の給与体系では１時間に平均1000枚の小切手を処理していたオペレーターが、処理した枚数に応じて給与を支払うようにしたら、その３倍以上の仕事をするようになったのです」

Ａ：先行条件	Ｂ：行　動	Ｃ：結　果
仕事場で	小切手を処理するたびに	特になし（－）
		１枚分の賃金（↑）

庄野「生産性が３倍以上になったとは確かにすごいね」

小西「しかも、この数値はオペレーターの限界ではなく、コンピュータ端末の限界だそうです。機械的にこれ以上早い処理ができないそうです」

水野「だけど、これって出来高制じゃない？ オペレーターのような単純な仕事ならともかく、もっと複雑な職種にはどうだろうか？」 経理部長の水野が質問する。

小西「そうですね。だから彼らもオペレーターという職種から手をつけ始めたようです。仕事の成果を客観的に測定することが出来高制の導入には必要ですから。でも、この大成功で気を良くした銀行側は、ペイ・フォー・パフォーマンスを大々的に取り入れて、現在では700名の従業員のおよそ70％の給料がペイ・フォー・パフォーマンスによって支払われているそうです。これには管理職も、支店長も、それに取締役までもが含まれているそうです」

水野「管理職も？ いったいどうやって仕事の成果を測るんだろう？」

小西「入念な目標分析と課題分析によって、各職種の責任分担を再検討します。たとえば支店長の場合、その支店が達成すべき具体的な目標がリストアップされ（たとえば新規口座数）、それらの目標がどれだけ達成されたかによってパフォーマンスが評価されます」

水野「なるほど」

小西「従業員のパフォーマンスの評価項目は、その支店の目標達成につながるように設定されます。各支店の目標は系列銀行全体の目標を達成するように設定されます。言うなれば、組織全体を動機づけという観点からリストラするようなものです」

庄野「組織全体、支店、そして個人の行動が一貫して動機づけられるように目標を設定するというわけだな」

小西「その通りです。パフォーマンス・マネジメントは、組織のあらゆるレベルでＡＢＣ分析を行い、理想的な行動随伴性を設定する方法なのです」

森 「でも、従業員の反応はどうだろうか？ 給料が達成によって支払われるんじゃ、安定感がないし、ストレスも溜まるんじゃないかな？」と、これはいかにも人事部長らしい森の質問。

小西「次のグラフはオペレータの退職率を表したものです。ペイ・フォー・パ

フォーマンスを導入する前には非常に高かった退職率が、新しい給与体系の導入でゼロ近くになったのがわかります。それに、面白いことに、退職者が出ると、補充採用に反対する声が現場から上がるそうです」

田辺「人が少なくなった分、自分達の仕事が多くなって、その分給料も上がるからだな」と田辺部長。

小西「その通りです。実際、オペレータの人数は半分ですむようになり、残業時間も457時間から13時間に減ったそうです。もちろんこれは直接、人件費の低減につながります」

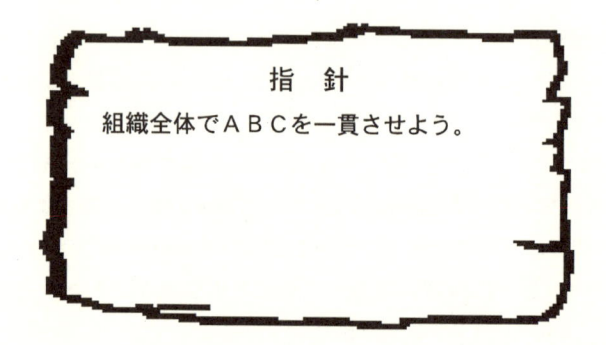

指　針

組織全体でＡＢＣを一貫させよう。

庄野「小西君、ペイ・フォー・パフォーマンスのことはよく分かった。そろそろ、年俸制がどうして適切ではないか説明してくれたまえ」　庄野社長が待ちきれない様子でせっつく。

小西「行動と結果の関係を考えてみましょう。意見が分かれるところかも知れませんが、経営陣の行動と会社の年間利益にはどれくらいの関係があると思われますか？」

庄野「ケース・バイ・ケースだろうな」

小西「会社の利益は様々な要因によって決まります。景気や競合相手という、経営陣にはコントロールできない要因によっても左右されます。自分次第にはならない結果は、行動を動機づけないのです」

小西「しかも１年間に経営者は数多くの意思決定を行います。どれが会社の利益アップに貢献し、どれが足を引っ張ったのか、客観的な判断は非常に難しいのです。ゴルフの打ち放しに出かけて100球練習したけど、１打１

打の結果（ナイスショットとかダフったとか）が1年後にようやくわかるようでは練習にならないでしょう？」

A：先行条件	B：行　動	C：結　果
経営に関して	適切な意思決定をしたら	会社の利益が上がった（↑） 会社の利益が下がった（↓）
	不適切な意思決定をしたら	会社の利益が上がった（↑） 会社の利益が下がった（↓）

庄野「短期間の、より具体的な目標を設定するのはそのためだな」
三村「3ヶ月毎にパフォーマンスが評価されれば、自分が適切な意思決定をしているかどうかフィードバックが受けられるし、修正もできるな」　部長達の肯定的なコメントで、小西の表情にも笑いが戻った。
小西「そして最も大切なのは会社全体のＡＢＣが一貫するようにマネジメントすることです。経営陣の給与を成果によって支払っても、経営陣の意思決定に従って実際に仕事を進める人たちの行動も同様にして動機づけなければ、組織全体の達成は難しいでしょう。ここが年俸制とペイ・フォー・パフォーマンスの大きな違いです」

年俸制とペイ・フォー・パフォーマンスの比較

	年俸制	ペイ・フォー・パフォーマンス
目標設定	曖昧なことが多い	非常に具体的
評価期間	長期間（半年、1年）	短期間（日、週、月）の評価可能
行動と結果	関係が弱い	関係が強い
導入対象	一部（主に管理職）	組織全体

庄野「どうだね、小西くん。君はペイ・フォー・パフォーマンスを我社に導入すべきだと考えるかね？」　庄野社長が真剣な顔で聞いた。
小西「わかりません。最初にお話ししたように、我社にとって何が問題なのかよく調べることが肝心です。問題解決の方法はそれから選択するべきで

しょう。ペイ・フォー・パフォーマンスは選択肢の一つでしかありません」
庄野「そうだった。そうだった」　庄野は苦笑しながら続けた。「ぜひ、その調査と分析をしてくれたまえ。1ヶ月後に君の報告と提案を聞くことにしよう」
小西「はい！」

　こうして小西紀子はパフォーマンス・マネジメントで会社を改革するプロジェクトを開始することになった。彼女が上澄に最上級のレストランでお礼をしたのは不思議なことではない。会議に臨むにあたって、上澄からパフォーマンス・マネジメントに関する資料を借り、色々と助言ももらったから。しかし、成功するためにはまだまだ越えなければならない山がたくさん残されている。頑張れ、紀子。

■クイズ■

　ユニオン・ナショナル・バンクでオペレーターの給与体系にペイ・フォー・パフォーマンスを導入した事例について考えましょう。時間給ではなく出来高給になることで、どんな行動が強化され、どんな行動が弱化されるようになったと推測できますか？

■注釈■

1) Dierks, W., & McNally, K.　(1987, March)　Incentives you can bank on.　*Personal Administrator*, pp. 61-65.

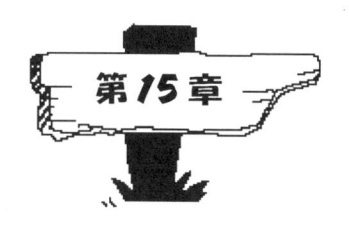

第15章 人生のマネジメント
これが私の生きる道

■問題■

　同僚の小西や吉永が噂を広めたらしく、上澄がパフォーマンス・マネジメントを使って様々な問題解決に取り組み、成功を収めていることは、今や、会社中の評判になっていた。
　そのせいか、近頃、個人的な相談を持ちかけられることが多い。

庄野「上澄くん、どうすれば英語が話せるようになるかな？」
上澄「英会話学校に通うとか？」
庄野「でも、なかなか時間がなくてね....」

雨宮「今年こそは流行の水着が着られるようになりたいわ」
上澄「それなら今から運動しないとね」
雨宮「６ヶ月くらい前にスポーツクラブに入会したんだけど、続かなかったわね....」

畑島「上澄さん、そろそろ本気でタバコをやめたいんだけど？」
上澄「....」

英会話、フィットネス、禁煙などなど、人にはそれぞれ心に秘める願望がある。こうした願望をどうすれば実現できるか、実は本人がよくわかっていることが多い。ただ、「いつかやろう」と思って先延ばしにしている。
　自分の夢をパワフルに実現していく人と、そうでない人とにはどこに差があるのだろうか？

庄野「最近、仕事が忙しくてね....」
雨宮「私って、意志力にかけるのよね....」
畑島「結局、本気でやめる気がないのかな....」

　先延ばしには、必ずといっていいほど都合のいい言い訳が存在する。

庄野「言い訳？　俺は言い訳なんかしていない。本当に忙しいんだ」
上澄「庄野さんを攻めているわけではないんです。やろうと思ったことができないとき、その理由を見いだそうとするのは人間なら当然のことです。ただ、それで自分が納得してしまったら、いつまでたっても目的は達成できないということです」
庄野「それじゃ、どうすればよいと言うのかね？」

■解決策■
上澄「まず、英語を話せるようになるという目的が庄野さんにとってどれだけ重要か考えてみたらどうでしょう。なぜ、英語が話せるようになりたいのか、英語が話せるようになるとどんないいことがあるのか、そんなことをリストにしてみることです」
庄野「将来、海外に出張して、色々な国の人達とふれ合いながら働きたい。それが理由なんだが」
上澄「素晴らしいですね。それでは、今度は、庄野さんの人生で他に達成したいことをあげてみて下さい」
庄野「仕事で成功して、幸せな家庭を築いて....（黙って、リストアップを続ける）」

上澄「それでは、英語を話せるようになることが、そのリストの中でどれだけ重要か考えてみて下さい。たとえば、1週間に3日、仕事が残っていても定時に退社して英会話スクールにいくだけの価値がありますか？」

庄野「それはできないな」

上澄「それでは、週に一度ではどうですか？ あるいは、週末に家族と過ごす時間を3時間だけ犠牲にして英会話の勉強に費やすことはできますか？」

庄野「そのくらいなら、ゴルフの打ち放しへいくかわりに時間を作れそうだな」

上澄「いいですね。これで庄野さんの優先順位がはっきりしてきました。英会話は、現在の仕事より重要ではないけども、ゴルフの練習よりは大切で、そして週に3時間なら時間が作れる」

庄野「そうか。これで"仕事が忙しいから"という言い訳はもう使えないわけだな」

　個人の目的を達成するためには、**優先順位**の設定がまず重要だ。人生に時間は限られている。やりたいことすべてが達成できるわけではない。できないことを達成できないと不満に思って過ごすよりも、このことはやる、このことはやらない、と割り切った方が、達成感にあふれた楽しく明るい人生が送れるというものだ。

上澄「次に目標をより具体的に設定しましょう」

庄野「具体的に？」

上澄「そうです。どのくらい英語が話せるようになるか、**達成目標**を具体的に決めましょう」

庄野「NHK教育テレビの英会話Ⅰという番組でやっている英会話はできるようになりたいな」

上澄「いいですね。その番組の英語が理解できるというのが達成目標になるし、その番組を観て勉強するというのが**行動目標**になります。ところで、今までにその番組を観たことはありますか？」

庄野「何回か。でも、ほとんど分からなかったな」

上澄「それじゃ、英会話Ⅰは6ヶ月後に始めるとして、最初はもう少しやさしい番組からにしましょう。やはりNHK教育で1回5分のミニ英会話とい

う番組がありますよ」
庄野「1日5分だったら、できそうだな」
上澄「番組を録画しておいて、毎日、番組を見るのに5分、練習に5分、全部で10分かけてみたらどうでしょう？」
庄野「うん、それなら週末にまとめて時間をとるよりいいかもしれないな」
上澄「それではここ半年間の行動目標はミニ英会話という番組で毎日最低10分間勉強することにして、半年後に達成目標にどれだけ近づいたか、英会話Iを観て評価することにしましょう」
上澄「録画した番組は、毎日できるだけ同じ時間に、同じ場所で再生して練習するようにして下さい」
庄野「どうして？」
上澄「行動を一定の先行条件でのみ行うようにすると、自然にその先行条件が行動を引き起こすようになるからです」
庄野「なんだか難しいな」
上澄「ごめんなさい。つまり、いかに行動を習慣化するかということです」
庄野「よし。それでは毎朝、コーヒーを飲んだ後に、10分間、応接間で英会話の勉強をすることにしよう」

上澄「最後に、**パフォーマンス・フィードバック**の仕組みを作りましょう」
庄野「パフォーマンス・フィードバック？」
上澄「どれだけ目標を達成しているか、一目で分かるようにする仕組みです。たとえば、こんなのはどうですか？」

庄野「何だい、これは？」
上澄「1年間の目標達成が一目で見られるグラフです。横軸は週です。毎日、10分間の英語勉強をするたびに、その週のところにチェックマークをつけていきます」
庄野「1週間に5回番組を視たら、チェックマークが縦に5個つくわけか」

第15章 人生のマネジメント 143

上澄「そうです」
庄野「さぼったら、チェックマークがつかないわけだな？」
上澄「その通りです」
庄野「なんだか、子供の頃、夏休みにラジオ体操へいくたびにもらったハンコを思い出すね。でもチェックマークが1個つくたびに英語が話せるようになっていくと思うと、やる気が出るな」
上澄「パフォーマンス・フィードバックは動機づけの仕組みです。とりあえず、これで始めてみたらいかがですか？」
庄野「ありがとう、上澄君。さっそく明日から始めるよ」
上澄「今日から始められたらいかがですか？」
庄野「……」

■解説■

　企業や組織、学校や地域社会の問題と同じように、個人の問題や目標達成にもパフォーマンス・マネジメントが利用できる。第4章ではダイエットや癖の矯正について、第5章では恋愛関係のマネジメントについて取り上げた。自分の行動のパフォーマンス・マネジメントは**セルフ・マネジメント**と呼ぶことがある。この章では、本書の締めくくりとして、明るく楽しく充実した人生を送るためのセルフ・マネジメントを解説しよう。

目標はできるだけ具体的に

　目標を曖昧に設定すると、達成したかどうかの判断が難しくなる。判断が難しくなると、達成感という好子による強化が働かない。だから、セルフ・マネジメントを行うときには、目標をできるだけ具体的に、できれば数字を使って表すとよい。

　「幸せになる」とか「ゆとりのある生活をする」といった目標を具体的に考えていくと、自分の人生で本当にやりたいことが何なのかが、先行条件としても明確になってくる。もちろん、反対に、自分が何をやりたいのか分からなくなってしまうこともあるかもしれない。でも、年に数回、そんなことで徹底的に頭を悩ませてみるのもよいのではないだろうか？

曖昧な目標の例	具体的な目標の例
・シェイプアップする ・余暇の時間を増やす	・体重を5kg落とす ・本を1週間で3冊以上読む

目標を具体的にすると達成感による強化が働く

A：先行条件	B：行動	C：結果
「やせたい」	30分ジョギングする	「やせたかな」（？）
「体重を5kg落としたい」		「2kgも減ったわ」（↑）

大きな目標は達成できる小さな目標に切り分ける

　大きな目標を楽しく達成するためには、すぐに達成できる小さな目標に切り分けるとよい。確実に達成できる目標を設定することで、達成感という好子による強化を働かせることができる。

　目標の切り分けは達成のための戦略を考えることにもなる。達成目標を達成するために何をする必要があるのか、行動目標を設定することで、具体的な計画を立てよう。

達成目標	行動目標
・ギターの演奏が上達する ・もっとやりがいのある仕事をする	・毎日1時間ギターの練習をする ・転職情報誌を読む

目標に〆切をつける

　セルフ・マネジメントの天敵は先延ばしの罠。期限のない目標は「明日やればいいや」ということになりがちで、先延ばしされ、結局、達成されずに終わってしまう。達成のためには、たとえ意味がなくても必ず〆切をつけるようにしたい。日間、週間、月間目標は、ある一定期間に達成が測られるという意味で、〆切が内在している便利な目標設定の方法である。

〆切のない目標	〆切のある目標
・家族で旅行にいく ・ジョギングをする	・8月までに1回家族旅行をする ・毎週5km以上ジョギングする

望ましい行動を標的行動にする

「タバコをやめる」とか「夫婦喧嘩をしない」など、望ましくない行動を減らすのが目標の場合、その代わりに増やしたい行動についても目標を設定しておくと効果的である。特に、望ましくない行動と相反する行動を目標にすると、その達成によって自動的に望ましくない行動が減るようになるので一層効果的になる。

「〜をしない」という目標は、「〜をする」という標的行動を弱化する行動随伴性を設定していることになる。弱化の行動随伴性は楽しさを生み出さない。人生に楽しさを生み出す強化の行動随伴性を忘れずにしよう。

望ましくない標的行動	減らす標的行動	増やす標的行動
・タバコを減らす ・夫婦喧嘩をしない	・タバコを1日2本以上吸わない ・喧嘩は1月に2回以内にする	・毎日2km以上走る ・毎日最低3回以上相手を誉める

達成度を知るために記録をとる

セルフ・マネジメントの基本はパフォーマンスの記録にある。自分が現在どれくらい目標を達成しているのか、その状況を正確に知ることが大切になる。

そのためには目標の達成度を測る方法を決めておき、記録をとっていく。目標によっては測定や集計にひと工夫いるものもあるが、大抵の目標は数字で表すことができる。たとえば、海外旅行にいくなどのように、目標達成のために必要な行動が毎週異なる場合でも、その週に計画したことが完了した割合をパーセンテージで集計できる。

目標	記録
・禁煙	・1日に吸ったタバコの本数
・読書	・1週間で読んだ本の冊数
・仕事	・予定した作業が完了した割合

パフォーマンス・フィードバック

　達成度について記録をつけていくだけでも動機づけになる。記録が良くなっていくのを知ることが好子になるからだ。さらに、達成度が一目でわかるようにグラフにすると、より一層の力づけになる。これがパフォーマンス・フィードバックだ。上澄が庄野に奨めたグラフは、ほんの一例。基本的に、横軸に時間（日や週）、縦軸にパフォーマンス（喫煙本数や達成率）を示せば、あとはあなたの工夫しだいだ。グラフで目標達成に近づくことを知る達成感で、強化の原理を活用しよう。

ABC分析

　グラフをつけていると、目標が思うように達成できていないときもはっきり分かる。個人攻撃の罠にはまらないよう、ABC分析を行い、目標が達成できるような行動随伴性をさらに整備する。

先行条件(A)を変えてみる

　たとえば、お酒を飲みにいくとどうしてもタバコに手が出てしまうのなら、禁煙中にはお酒を飲みにいく機会を減らせばよい。居酒屋の代わりにレストランへいけば、お酒の代わりに食事を楽しむ機会を増やせるだろう。夕方、仕事が終わってからジョギングをするのが困難なら、早起きして、出社する前にましてしまおう。肝心なのは、標的行動を引き起こしにくい先行条件を避け、引き起こしやすい先行条件を増やすことである。ただ、もちろん、初めはどんな先行条件がどんな行動を引き起こすのか分からないはず。そのためにもパフォーマンスの記録をとって、自分の行動がどんな先行条件に影響されるのか、調べていくのだ。

結果(C)を変えてみる

　先行条件を工夫しても目標が達成しないようなら、結果を変えてみる。たとえば、タバコを１本吸うたびに嫌いな政治団体に千円寄付するとか（ユネスコに寄付するなんて良いことはしてはいけません。これは罰金なんですから）、腹筋運動を40回やったらニュースステーションが見られるとかいうルールを決めて、自ら従うようにする。目標を具体的に設定しておかないと、自分で自分をごまかしやすくなるので要注意。セルフ・マネジメントの難しさは、まさにここにある。腹筋を１回もやってないのにニュースステーションを見てしまったら元も子もないからだ。自分で決めたルールを破ることが、どれだけ嫌子化しているかが成功の鍵を握っている。

　自分で自分をごまかすことが十分に嫌子化していないと、セルフ・マネジメントだけでは目標が達成できないかもしれない。その場合には、誰か他の人に協力を依頼するという手がある。パートナーにあなたの目標を打ち明け、達成のための戦略を説明する。そしてパフォーマンス・マネジメントを依頼する。たとえば初めに、パートナーにお金をいくらか預けてしまう。毎週、目標達成を報告し、目標が達成していなければ、罰金をあなたの嫌いな政治団体に寄付するように頼む。あなたの目の前で千円札を燃やしてもらってもいい。とにかくあなたにとって強力な嫌子を確実に出現させてもらえばいい。

　パフォーマンス・マネジメントと同じように、セルフ・マネジメントは「これさえすれば万全だ」という万能薬ではない。解決すべき問題、達成すべき目標、人により、状況により、最適な方法は変わってくる。大切なのは、パフォーマンスの記録をとり、ＡＢＣ分析を行い、標的行動を強化する行動随伴性を探し続けることである。

■最後に■

　本書を最後まで読み続けて下さった読者の皆さん、お疲れさまでした。この章にはクイズはありません。その代わり、ご自分の身の回りの問題をパフォーマンス・マネジメントを使って解決するように考えてみて下さい。解決すべき問題は何か、問題の原因になっている行動は何か、標的行動は何にするか、標

的行動の現状の行動随伴性はどうなっているか、強化が不足しているのか、弱化の行動随伴性があるのか、解決のためにどんな行動随伴性を追加できるか、パフォーマンスの記録はどのようにとっていくか、などなど。

　そしてこうした問いには、唯一の正解というものはありません。敢えて言えば、問題の解決や目標の達成につながるものはすべて正解です。そして、だからこそ、パフォーマンスの記録をつけ、勘や思い込みによってではなくデータにもとづいてマネジメントの手法を評価しなくてはならないのです。

> **指　針**
> 神様や、先生や、親兄弟の言うことより、まずはデータを道しるべにしよう。

■最後の最後に■

　本書についてのご感想、ご質問、パフォーマンス・マネジメントについてのご相談などを、ホームページで受け付けています。詳しくは、コラボレーション・ネットワーク（http://www.naruto-u.ac.jp/~rcse/index.html/）の自己学習の館：行動分析学の部屋までどうぞ。

クイズの解答

第1章

仕事を依頼されるときにわたされるチェックリストに記入されている項目や注文が先行条件になり、仕事が終わって自分でチェックするとき、そして上澄がチェックして承認することが結果となる。「これで仕事が終わった」という安堵感や上司からの承認は好子として働き、チェックリストに従って仕事をこなすという行動を強化する。

A：先行条件	B：行　動	C：結　果
チェックリストに記入されている項目や注文	余白を指示通りに設定する	自分でチェックして「これで終わり」（↑） 上司がチェックして「ありがとう」（↑）

第2章

目標達成に自分で気づくこと、上司から承認されること、昼ご飯をおごってもらうことなどが好子として働き、書類を整理する行動を強化すると考えられる。

目標達成ゲーム

A：先行条件	B：行　動	C：結　果
仕事中＋今日の目標	書類を処理する	自分で目標達成を知って「やった！」（↑） 上司から承認されて（↑） ランチをおごってもらう（↑）

第3章

いつ安全記録をつけるのかを従業員の人たちに予測されないように、小野さんは違う時間や曜日を選んで主任たちにチェックリストをつけてもらった。また、工場を巡回するのがチェックリストをつけるときだけにならないよう、普

段から1日数回は工場を巡回してもらった。そしてそのときにもチェックリストを持ってもらった。こうして、従業員からは、いつチェックリストがつけられているか判断できない状況でゲームが行われた。

第4章

爪を噛む行動は、噛んだときの指先や口への感触が好子になって強化されている。どうしてそんな変な刺激が好子になるかは謎である。でも、こうした刺激はいついかなるときでも好子であるというわけではない。忙しいときとか、仕事がうまくいかないときのように、嫌子が出現したり、他の好子が消失したりすると、好子として機能するようになるようだ。

習慣逆転法では、腕を上げる苦痛だけではなく、恥ずかしさも嫌子として働いたに違いない。ただ、こうした嫌子は爪を噛んだときに腕を上げるという行動さえも弱化してしまう。つまり、次第に爪を噛んでも腕を上げなくなってしまい、この行動随伴性が成立しなくなる。習慣逆転法の限界がここにある。

A：先行条件	B：行　動	C：結　果
仕事が忙しくなってくると	爪を噛む	指先や口への感触（↑） 腕がつかれる（↓） 恥ずかしい（↓）

第5章

すでに行動レパートリーとして身についてしまっている紋切り型の発言を減らし、選択肢つきで誘うには、こうした発言が何らかの好子によって強化されなければならない。ところが、いくら部下思いの上澄でも藤木のデートについていき、二人の会話を聞きながら「そうだ！　その調子!!」と強化するわけにはいかない。そこで上澄は藤木に行動の記録をつけさせることで、自分で自分の行動が変わったと認識することが好子になることを期待したのである。

クイズの解答　151

A：先行条件	B：行　動	C：結　果
木村をデートに誘うとき	紋切り型で誘う	デートを断られる（↓） 怒鳴られる（↓） 自己記録の見栄えが悪い（↓）
	選択肢つきで誘う	自己記録の見栄えが良い（↑） 「私にだってできるわ」（↑）

第6章

　水やプールなど、それまで苦痛を引き起こす反射子と化していた刺激が、今度はワクワク感を引き起こす反射子になるような工夫であった。

A：先行条件		B：行　動
水、プールなど	→	ワクワク感
［↑派生］		
イルカと泳ぐイメージ	→	ワクワク感

第7章

　コーチ兼選手をうまくこなすためには、標的行動と自分の行動についての言語行動レパートリーが豊富でなければならない。たとえば、何が標的行動か言えること、標的行動からずれた行動を見たら、その点を指摘できること、自分の現状の行動を観察してどこが標的行動と違うかを指摘できることなどである。こういった言語行動レパートリーはまさに"自己教育力"と呼ばれる力の根底をなすものだろう。

第8章

　自分よりも具合の悪い人が長い距離を歩かなくてはならないかもしれないことが、おそらく道徳的な嫌子になっているのでしょう。よって、障害者用スペー

スに駐車する行動は弱化されます。この嫌子はモノでもコトでもありません。達男の内言（頭の中で、自分で自分に言う言語行動）です。こうした、いわゆる"意識"と呼ばれる言語行動は、**先行条件(A)**や**結果(C)**として、その他の行動に影響しているのです。

A：先行条件	B：行　動	C：結　果
病院にいくとき	障害者用駐車スペースに停める	早く楽に建物に入れる（↑） 怒られる不安なし（↑） 自分より具合の悪い人が長い距離を歩かなくてはならないかも（↓）

第9章

　HIVに感染する危険はとても恐ろしい嫌子です。だから、新しい手袋に換えることでその嫌子の出現を防ぐことができれば、強化の原理が働きそうです。ところが、これは（−）。理由はHIVに感染する確率が非常に低いからです。確率の低い**結果(C)**は行動に影響しにくいのです。おそらく手術中の患者さんがHIV感染者であることがあらかじめ分かっていれば、この行動随伴性は強力な強化の随伴性として機能するはずです。ところがそうでない場合にはうまく働きません。逆に、手袋を取り換えることで仕事を中断しなくてはならないという、確実な弱化の行動随伴性があるために、この行動は起こりにくくなっていると考えられます。

パフォーマンス・マネジメント導入前の行動随伴性

A：先行条件	B：行　動	C：結　果
手術中、手袋が破れる	新しい手袋に換える	AIDSに感染しない（−） 仕事が中断する（↓）

　田中先生が導入したパフォーマンス・マネジメントは、導入前の行動随伴性はそのままで、新たに下の行動随伴性を追加するものでした。ナースステーショ

ンに張り出されるグラフも、婦長からの承認も、手袋を取り換えるという行動に対して必ず起こる確実な結果です。パフォーマンス・マネジメントのコツは、こうして行動と結果の関係が確実な行動随伴性を設定するところにあるのです。

パフォーマンス・マネジメント導入後の行動随伴性

A：先行条件	B：行　動	C：結　果
手術中、手袋が破れる	新しい手袋に換える	AIDSに感染する（−） 仕事が中断する（↓） ＋ グラフが良くなる（↑） 婦長からの承認（↑）

第10章

上司から斬新な提案について承認されることで、斬新な提案が好子になり、斬新な提案を考えつく行動を自動的に強化するようになる、と分析できます。

A：先行条件		B：行　動
斬新な提案	→	嬉しさ
[↑派生]		
上司からの承認	→	嬉しさ

A：先行条件	B：行　動	C：結　果
企画書を書いていて	斬新な企画を思いつく	斬新な企画（↑）

第11章

講義を聞くだけでは標的行動は起こらないので、強化もされず、行動がレパートリーとして身につく可能性は低いと言えます。教え方が上手な講師なら、ところどころで質問をしたり、演習の時間を設けたりして、学習者が標的行動を行って、それを強化する機会を作っているはずです。

第12章

　自分たちで立案した解決策に従わないのが嫌子ですから、従えば嫌子が消失して強化されます。ノルマが残っていることも嫌子であると考えられますから、ノルマが一つ減ることが子どもの望ましい行動を誉めるのを強化していると考えられます。

A：先行条件	B：行　動	C：結　果
廊下で子どもが静かに歩いているのを見て	誉めてシールをあげる	解決策に従う（↑） ノルマが一つ減る（↑）

第13章

　定義には「....行動の<u>直後に現れれば</u>....」とありますよね。優秀な営業活動をした<u>直後に</u>、確実に契約が取れるのなら、契約は行動を強化することでしょう。ボーナスもそうです。だから契約もボーナスも好子であることには間違いなさそうです。ただその出現の仕方、つまり行動随伴性に問題があって、強化の原理がうまく働かないのです。

第14章

　強化されるようになった行動：小切手を速く処理する。たとえば、速く数字を読む、速くタイプする、速くファイルに閉じる、など。弱化されるようになった行動：就業時間中の仕事以外の行動。たとえば、私語、新聞・雑誌を読む、おやつやお茶を楽しむ、など。弱化については下のＡＢＣ分析を参照。

A：先行条件	B：行　動	C：結　果
仕事中	同僚とおしゃべりする	給料を余分に稼ぐ時間がなくなる（↓）

おわりに

　本書の出版にあたっては、数年間にわたるテスト出版の間に、たくさんの人から、貴重な意見や励ましをいただきました。どうもありがとうございました。
　これからも、パフォーマンス・マネジメントの入門書としてより内容を充実させていくために、読者の皆さんからのご意見をお待ちしております。分かりにくい内容とか、取り上げて欲しいトピック、その他、ご質問やご要望がございましたら、筆者までご連絡いただければ光栄です。

スペシャル・サンクス・トゥ

（株）サンシステム
　庄司和雄、名護　圭、五味　守、磯部　康、上住　嘉樹

産業能率大学
　小野紘昭

鳴門教育大学
　渡井　亨、清水美津子、大西紀子

岡山大学
　芝崎良典

慶應義塾大学
　杉山尚子

明星大学
　高橋美帆、坂本幸江、矢澤泰輔、小林只直、玉島輝子、神尾京子、保科由子
　高野　亮、稲熊成憲、大林裕司、荒井芳紀、滝口一海、渡部貴子、下口裕子
　鈴木静香、津金奈美、扇谷玲子、増山咲織、鈴木衣帆里、金山よし江

表紙デザイン
　市川桃子

イラスト
　杉山友理

索 引

(い)
意識 — 73
意識改革 — 73
遺伝 — 56

(え)
ＡＢＣ分析 — 7, 146
ＡＢ分析 — 53

(お)
応用行動分析学 — 83
オペラント — 53

(か)
カウンターコントロール — 46
課題分析 — 61
価値観 — 95

(き)
強化 — 27
強化子 — 9
強化の原理 — 6

(け)
系統的脱感作法 — 51
結果 — 7
嫌悪刺激 — 9
嫌子 — 16

(こ)
好子 — 7
行動 — 7

行動医学 — 80
行動主義 — 82
行動随伴性 — 7
行動の成果 — 90
行動の罠 — 92
行動目標 — 33, 141
行動レパートリー — 26
個人攻撃の罠 — 4, 11
個性 — 44
コミュニティ行動分析学 — 71

(さ)
サフメッズ — 99

(し)
シェイピング — 62
実験的行動分析学 — 83
叱咤激励 — 129
死人テスト — 28
〆切 — 144
弱化の原理 — 16
習慣逆転法 — 34
熟達訓練 — 99
消去の原理 — 17
条件刺激 — 57
条件反応 — 57

(す)
スキナー — 82
スポーツ行動分析学 — 51

(せ)
成果 — 90
性格 — 44
セルフ・マネジメント — 143
先行条件 — 7

(そ)
組織行動マネジメント — 83

(た)
達成 — 90
達成目標 — 33

(ち)
チェックリスト — 3
知識 — 101
中性子 — 54

(て)
徹底的行動主義 — 82

(と)
トラウマ — 55

(な)
内発的動機 — 94

(は)
派生の原理 — 28
パフォーマンス — 90
パフォーマンス・フィードバック
　81, 93, 142, 146
パフォーマンス・マネジメント
　4, 92
パブロフ — 53
反射子 — 53
反発の原理 — 46

(ひ)
標的行動 — 60

(ふ)
フェイディング — 66, 112
復帰の原理 — 17
部分強化 — 44
プリシジョン・ティーチング — 98
プロンプト — 65
分化の原理 — 63

(へ)
ペイ・フォー・パフォーマンス
　134
弁別の原理 — 17

(む)
無条件刺激 — 57
無条件反応 — 57

(も)
モデリング — 64
模倣 — 64
問題解決のための思考法 — 114

(ゆ)
優先順位 — 141

(れ)
レスポンデント — 53
レパートリー — 13
連続強化 — 44

(わ)
ワトソン — 82

〈著者略歴〉

島　宗　理
しま　むね　さとる

1989 年慶応義塾大学社会学研究科終了．1992 年 Western Michigan University 心理学部博士課程修了．Ph.D.取得．1995 年鳴門教育大学人間形成基礎講座助手．1997 年鳴門教育大学学校教育研究センター教育工学分野．2000 年鳴門教育大学学校教育実践センター教育メディア開発分野 助教授．2006 年法政大学文学部心理学科 教授．Ph.D.（心理学）．

Work It Out! 行動分析学で問題解決 http://abanet.ddo.jp/simamune/

パフォーマンス・マネジメント
―問題解決のための行動分析学―

2000 年 3 月 3 日　　初　版
2007 年 6 月 11 日　　第 9 刷

著　者―――島　宗　理
発行者―――米　田　忠　史
発行所―――米　田　出　版
　　　　　〒272-0103 千葉県市川市本行徳 31-5
　　　　　電話 047-356-8594
発売所―――産業図書株式会社
　　　　　〒102-0072 東京都千代田区飯田橋 2-11-3
　　　　　電話 03-3261-7821

© Satoru Shimamune 2000　　　　中央印刷・山崎製本所

ISBN978-4-946553-07-3 C3011